中小企業
再建ドクター

大和 竜一 著

Yamato Ryoichi

山中企画

中小企業再建ドクター＊目次

第三章　「再建ドクター」が使った治療法10カ条……115

第一章　日本の中小企業も健康診断を

日本を支えてきた中小企業の変化

日本経済を支えているのが中小企業。それは、戦後の復興期、高度成長期から現在に至るまで一貫して変わりません。

大企業だけでは「経済大国・日本」は生まれませんでした。

ところが、21世紀に入って20年近くが過ぎた今、その中小企業の多くが、様々なタイプの「病気」の症状に苦しんでいます。

また、会社という組織も、ライフサイクルがあります。

会社が誕生する「創業期」

若いがゆえに大きく成長してゆくような、少年が大きく成長していく「成長期」

徐々に会社が体制を整えていく、大人になっていく過程の「安定期」

もう独り立ちしており立派な大人になってはいるが、成長率が低下しつつある「成熟期」しばらくすると会社でも高齢化とともに、企業活動が大幅に減少する「衰退期」もしかしたら廃業や倒産等、企業の「終活」が必要になる企業もあります。

「創業期」「成長期」「安定期」「成熟期」「衰退期」、どの局面であってもそれなりの症状があります。

表に現れる「症状」も、ワンマン経営の果てに動脈硬化が悪化してしまったところや、人手不足のために多臓器不全を起こしているところ、コストカットというダイエットのあげくに栄養失調で動きが取れなくなったところ……。

数え上げたら症状はきりがありません。

若くして急成長してしまったため、その勢いで過労のため組織がギクシャクしてしまったり、壮年期を過ぎ、老境に差し掛かった人間の体のように、数多くの中小企業があちこちに病や痛みを抱え、日々苦しんでいるなど。

このまま放置してはいけません。

企業のライフサイクルに応じ、様々な問題（「病気」）が現れ、また潜在化し、折角の「良い」会社もだめになっては元も子もありません。

日本経済が再び元気を取り戻すためには、なんと言ってもまず全国の中小企業が元気にならなくてはいけないのではと考えます。

「病気」を治し、倒れかかった会社を救える、いわば企業の「再建」、それを診察し治療する「ドクター」、所謂「再建ドクター」が必要なのです。

私は、そのような「再建ドクター」の仕事を、ほぼ20年以上に渡って続けてまいりました。

１９８８年、栃木県に本店がある、地方銀行の足利銀行に就職し、銀行員として多くの地方の中小企業取引を経験してきました。

特に銀行員時代の最後１９９９年には、鬼怒川温泉の大型温泉旅館、鬼怒川温泉あさやホテルへ出向し、２年間ホテルの再建実務に携わりました。

その後、ベンチャー企業に投資してＩＰＯ（新規上場）で資金を回収する、いわゆる、ベンチャー・キャピタル、ソフトバンク・インベストメント（現・ＳＢＩホールディングス・その後ベンチャー投資事業はＳＢＩインベストメントとして子会社化）に入りました。

銀行が企業に融資という形で間接的に関わるのに対して、こちらはいわば直接投資。投資家として会社の経営に参加するものです。そこでは、様々なベンチャー企業に接し、どうしたら事業を立ち上げ、成長させられるのか、はたまたダメになった企業をいかに再建するのかを体験してまいりました。

ベンチャー・キャピタルを７年間経験したのち、より大きな企業を買収するバイアウト・ファンドを運営するＳＢＩキャピタルに移りました。そこは、中堅の優良企業を買収し、様々な手法を用いて企業を成長させようとする専門家集団でした。

その後は、再度全国のホテル・旅館の再生実務を行い、上場企業での管理部門の統括をしたり、地方の中堅企業のＭ＆Ａ実務を行ったりしたのち、新潟県の老舗酒蔵・市島酒造会社で社長として酒蔵再生事業を行ってきました。

そのような実践経験から、「治療」法、「再建」手法を取得してまいりました。

ここで､私が行ってきた「治療」の数々をお話しすることを､中小企業の経営に携わっている方はもちろん、「会社を売りたい」､「会社を買いたい」などとお考えの方、これから起業したい方、あるいは投資家になりたい方に少しでも参考にしていただけたら幸いです。

会社の状況は、定期健康診断で

人間の体もそうですが、企業でも、「定期的な健康診断」が必要です。

大企業では株主総会、取締役会、監査役会、および各種チェック機能が働いており、常に外部の関係者による「健康診断」が行われています。昨今、上場企業では企業統治の原則を規定した「ガバナンス・コード」を基準に、内部はもとより外部組織を含め、企業の不正防止や株主の利益の適正なる追求を行えるような行動規範といえる基準が示され、それに基づいた企業経営がなされるようになってきました。

しかし、わずかな体調の乱れが原因となって倒産に至る危険もある中小企業にとっては、そのような経営のチェック機能がなかなか機能していないのが現状です。

株主は社長一人であれば、「俺の会社だから、なんでも俺の好きなようにする！」、経営支配権を持たれているのであれば、好きなように経営なさるのはやむを得ないでしょう。でもその経営が果たして正常な状態であるのか、どこか危機が迫っているようなことはないのか、常に様々な角度から経営をきめ細かくチェックしていたら、無駄な投資や取引先に迷惑をかけるようなことはないかもしれません。

外部の経営監視機能が強く養成されていない中小企業だからこそ、経営の「健康診断」が欠かせないのではないでしょうか。

中小企業の健康診断　まずは血流を把握すること

中小企業では、大企業のように監査組織や外部組織を立ち上げて経営をチェックするまでは行かなくても、まずは中小企業として「せめてこれだけは」という最低限の経営状態を把握するための健康診断だけでも必要です。

私は、診断にあたって、何よりも大切なのは「血液」すなわち、「現金」だと思っています。その現金の流れ、「キャッシュフロー」、言い換えれば「血流」を把握することがまずは健康診断の第一歩だと思います。


企業も社会的な存在であり、そのためにはどうあるべきか、どのような企業として存在するのか、企業の目的や理想はなにかと、企業として存在するに欠かせない企業理念などは最も大切なことです。しかし、企業活動をしていく上で、まずはなくてはならないもの、それは言うまでもありませんが、現金です。

有能なアイデアマン、技術者が、開発した技術やサービスを市場に提供しようとし、会社を立ち上げます。

資金がなければどんな良い技術やサービスであってもそれを具体化できません。経営者が資金を貯蓄し、あるいは出資者を募り、その自己資金を元手に銀行などから借入れを行い、事業を開始することが通常でしょう。

また最近ではベンチャー・キャピタルという投資会社から資金調達を行うことも知られてきていると思います。

このベンチャー・キャピタルですが、銀行などから借入を行うことを間接金融と呼び、ベンチャー・キャピタルから投資を受けることは主として直接投資といいます。

借入金は、借りた企業の貸借対照表の借入金になりますが、ベンチャー・キャピタルからの投資資金は主として資本の部に計上されます。つまり、オーナーと一緒に企業を設立した、あるいは共同で事業の主体になるということです。

いずれにしましても、事業を開始するには資金がどうしても必要になってきます。

血管のつまり

人間の体には血液があるように、企業にも血液があります。それが現金です。様々な商取引を行う中で、そのモノとサービスの流通を媒介する対価として、そのものの評価であり、かつ代替手段です。

企業が生きていくためにはなくてはならないもの、その血液＝現金（資金）がうまく流れることが健康の証拠でありますが、意外にうまく行かないのが企業経営です。

たとえば企業オーナーの嗜好で、本業とはかけ離れた投資事業により、その投資に資金が滞留します。つまりは資金の流れであるキャッシュフローが血管のつまりにより、本業の資金繰りが悪化する、まさにお金が詰まる。いわゆる「血管のつまり」がおきてしまったりします。

血管のつまり　投資の失敗

1999年、私が銀行員時代に初めて出向した鬼怒川温泉の温泉旅館が、まさにそれでした。

今では、ビュッフェで評判、予約が取れないくらいと評判の温泉旅館・ホテルになっておりますが、当時、勢いに乗って数十億円の融資を受けてホテルの新築を手掛けたものの、なんとさらに数十億の融資を受けてゴルフ場開発に手を出してしまいました。

やがてバブルがはじけてみたら、同時におカネの流れ場所もなく、血管が詰まった末に、最後はその血管がはじけて、不良債権です。土地は買ったものの、ついにゴルフ場は開発に着手することすらできませんでした。

私が行ったころには、もう本業の旅館業すら年間1億円前後の赤字を出していました。本業以外のところに資金が大幅に滞留することの典型です。

必要のないところに現金が滞留すると、本来必要とする事業資金が不足してしまいます。

売上金を現金で回収、または一定期間後に入金見込みになる売掛金、その反対に支払、現金支払いと、また一定期間後に支払うことになる買掛金、また、未収金（未収入金）、その反対に未払金（未払費用）など、必ずしも商取引が発生したときにすぐに現金が常に動き、決済されるとは限りません。数日後、数カ月後に支払う等の取引の連続、積み上げがなされ、その間に現金が動いていきます。

もし、商品を売った先からの回収（売掛金の回収）がなされなかったら、資金不足で予定された仕入先への支払い（買掛金の支払い）ができなくなってしまうこともありま す。まさに現金が、血液が血管を流れるようにスムーズに流れることが理想であり、「血管がつまる」ということは、現金がどこか本業以外のところで詰まってしまう、あるいは滞ってしまうことになります。

血液のドロドロ化

「血流のドロドロ化」にも気を付けなくてはいけません。血液である現金が順調に流れることが大切ですが、その血液がドロドロしていたらどうなるのでしょうか。人間で言うならば様々な症状が出てきます。酸素や栄養分を体全体に運んでくれ、また老廃物も処理器官に運んでくれることが困難になると大変です。これを同じように企業でも、現金がスムーズに動かなくなると、企業という体に様々な悪影響が出てきます。

これも、私自身の経験なのですが、２０１８年、私が代表取締役社長としてマネジメントした新潟県の日本酒の酒造会社が、まさに「ドロドロ血液」状態そのものでした。かつては年間売り上げ20億円あったその会社は、いまや数億円。日本全体の日本酒マーケットが20年前の半分になっているとはいっても、あまりにも状況がひどすぎます。

原因を探求して見ると、そこに消極的な企業体質がありました。首都圏の飲食店でよく見かける酒蔵、売り上げを落とさずに成功している酒蔵は、地元だけでなくどんどん首都圏に進出して、血液の流れをサラサラにしていきました。

残念ながら、私が派遣されたその酒蔵は、高齢化や人口減少で縮小し続けているマーケットから脱却できず、血流がどんどん滞ってしまったのです。有効な投資を行っていれば血流が流れたのに、血管を伸ばすことができなかったのです。

しかも創業230年の老舗だったために、自由な経営がしにくい体質です。

もともと経営不振に陥った旧オーナーに変わって、地元出身であり東京で成功した新オーナーが、なんとか立ち直ってほしい、それで地元に恩返しできれば、貢献できればという純粋な気持ちで事業を譲り受けました。

ところが地元の人たちはなぜか非協力的。「外から来た人間の勝手にはさせない」と邪魔をする向きさえありました。いわばヤッカミなのでしょうか。ますますスムーズな血流が難しくなります。

「血液のドロドロ」は、人間関係によっても、さらに拍車がかかります。

取引先との関係においては商流、そのもとになるのが当然現金です。その流れがドロドロしたら、やはり商流が滞ります。商売上、決して良い影響が出るとは思いません。いつ払ってもらえるかわからない取引先、そのような血流の悪い会社と誰が喜んで取引するでしょうか。誰だって、サラサラに流れの良い会社と取引したいに決まっています。

とにかく、企業が活動する上で、血液、現金が企業活動の基本になります。「自社の血流」

はどうなのか、経営者とすれば随時チェックしたいところですね。

メタボ体質の企業

マーケットの縮小に対応できない「メタボ体質」にも気を付けなくてはいけません。業績が好調で、作るもの、提供するサービスがどんどん売れる、そんな好調な企業体に応じて人員を揃え、設備も充実させる、企業として成長していくためには当然必要な投資です。

しかし、以前はよく売れた商品も、いつの間にか売れなくなってしまい、業績が悪化していくような状況になってしまうことがあります。設備を維持するため、現況の組織を維持するため、なんとか経営者は売上を上げるべく、新商品開発やその他取引先開拓に邁進するはずです。しかし、その減少が続いているにも関わらず、依然として良かったときの規模を維持し続けていることがよくあります。知らない間に、会社の組織がメタボ体質になっていることがあるのです。

かつて関わった会社でも「メタボ解消」の仕事がありました。

その会社は本業好調な中小企業。しかし勢いに乗り過ぎて、自分でしっかり管理するノウハウもないまま、ホテル開発・運営に乗り出してしまいました。

ホテル事業は初年度好調でした。1年目はそこそこの売り上げも達成できましたが、年を追うごとに落ちていました。ホテルや旅館、いわゆる「箱物産業」は施設が新しいとお客様が来てくれます。それほど努力しなくても、設備の新しさに引き寄せられます。ところが、お客様が一巡してみると、段々と客数が減っていきます。

ここで運営の経験があるかないかが問われてきますが、その会社はもちろん運営経験がありませんでしたから、当然客足が減ってきたときの対応ができませんでした。

もちろんお客様が来ていただいていたときの運営、サービスの充実を維持できない状況でしたので、お客様が減ってきてもうまく対応はできません。

そうなってくるとそのホテルはジリ貧になります。親会社は赤字資金をそのホテルに送り続けなくてはなりません。この会社は資金が潤沢にありましたので、血管のつまりまでは行きませんでしたが、まさにそのホテルは不良資産になります。資産は増えていくとしても、人間の体でいうと筋肉は出来ずに贅肉ばかりになっていた。長期的にこのままでは、大事な本業にまで影響しかねない可能性も出てきます。

ちなみに、昨今、ホテル・旅館業界はインバウンドの増加とともにホテル・旅館の新設が続いています。まさにホテル・旅館バブルとしか思えません。特にインバウンド期待での投資は十分注意する必要があります。海外からのお客様は、日本との国際関係の変化により、相手国からの来日は非常に左右されます。特に日韓関係、日中関係は、国際関係問題により敏感に反応しますので、要注意です。最近でも日韓関係の悪化により韓国からのインバウンドが激減している状況です。そのようなリスクが有ることを前提に運営を構築する必要があり、そのためには相応のノウハウが必要です。

私がやった仕事は、その贅肉の整理でした。

つまりダイエットです。グループから切り離すことです。そのホテルをM&Aで売却しました。

日本ならまだしも、それが海外となると、贅肉の処理はさらに大変です。特に海外企業のM&Aとなるとその難易度は増加します。特に東南アジア諸国など人口も多く、経済成長著しい国々などは、宗教上の問題も大いに関係し、法令や監督官庁など手続きが大変複雑です。十分に調査したうえで進出しないと、撤退も苦労します。むしろ撤退することのほうが困難かもしれません。

悪玉菌の増殖

最近、よく「腸内細菌」という言葉を聞きますね。乳酸菌、ビフィズス菌のような「善玉菌」は体を健康にする物質を生成するかわりに、大腸菌のような「悪玉菌」が増殖すると、体のあちこちに悪い影響を与える、と。

会社にも、この「悪玉菌」がいることがあります。

まず、社長自身が「悪玉菌」であることはもちろん致命的です。

また、従業員の少ない中小企業では、従業員の一部にある悪玉菌の被害は甚大です。

基本的にどんな社員も、会社が良い状況が続いているとき、はじめは皆いい人、いわば「善玉菌」です。会社の目標に対し、誰でも一生懸命努力しようとします。ところが、業績が傾いてきたり、経営が一本にまとまっていないようなとき、従業員の一体感がなくなってしまいます。特に、傾いた企業の再生の場面では、今までと全く違った会社方針を取らざるをえない状況がありえます。そんなとき、「以前はこうだった」「なんでこんなことしなくてはならないの」など、現会社方針に納得できない従業員も出てきます。

その人が心の中だけで不安に感じているだけならまだしも、現経営陣に悪影響がでるような行動を取る可能性もあります。そのような状況になってくるとまさに、その従業員が「悪玉菌」になってしまいます。

従業員の皆さんを「悪玉菌」だなんて大変申し訳ないことですが、現実的には組織の中ではあり得ることです。

それ以上に「社長」が悪玉菌であることのほうが多いですが。

前にも上げた、新潟県の酒蔵再生についても、再生事業を推進していく過程で内部から反抗勢力がでてきて、地域の有力者を巻き込み、それに振り回された経緯があります。古株の幹部一人が、旧経営者・旧オーナーと非常に仲がよく、新しいオーナーや私に対し感情的な対応しかできない状況になってしまいました。地域に悪口を言いふらし、社内外を混乱させてしまったのです。

また、このときは旧オーナー家が「悪玉菌」の核になり、より一層地域の感情を巻き込み、反抗勢力になってしまいました。

旅館再建を手掛けた際にも、同じ「症状」に直面しました。団体客が減少気味で、再建のためには個人客を狙っていくしかないのに、オーナーや古い従業員たちは、昔ながらの団体客狙いの姿勢を改められない。旅行代理店に手数料を払いながら団体客を呼んでもらう昔のやり方をずっと引きずってしまうのです。

そうだからと言って、ただリストラによって排除するのではなく、企業再生を図る上では、よく話し合い、「悪玉菌」を「善玉菌」にする努力も欠かせないです。それでもだめなら法令に即して対処することもあり得るのは、大変悲しい限りです。

この旅館のときには、よく話し合い、コミュニケーションを図ってもいましたが、私達が行う戦略が成功し、お客様が多く来ていただくようになったら、自然と善玉菌になっていただきました。

自律神経失調症

企業では、行き当たりばったりで事が進み、すべてにおいてバランスが崩れている「自律神経失調」の症状も、ときどき見られます。

ある堅調な北関東の中小企業の二代目社長、
・いつも思いつきで指示をする。思慮深くない。
・言ったことを忘れてしまう。それを正しても「言ってない」と強く否定される。
・投資をするにしても、都合のいい根拠にもとづき計画し、当然失敗。それをさも部下がした判断ミスのように攻め立てる。

この会社は従業員も多く、ある程度の経営体力があったため、そんな社長であっても危機的な状況に陥ることはありませんでした。従業員もそんな二代目社長の性質をよく理解して対応していました。従業員のほうが立派です。

中小企業には、そういう自律神経失調症経営者は珍しくない気がします。

私が投資した企業で、苦労させられた会社がありました。

東京都内のあるＩＴ技術者派遣・ソフトウェア開発会社の買収事例です。

ＩＴ技術者の派遣という業務が時代の流れに乗っていました。買収後、創業者の経営能力を評価し、できるだけ被買収企業の経営者に残ってもらい、経営を続けてもらったほうがいいと判断しました。しかし、経営参画してみると、その創業者の経営手腕がさほどないことが分かりました。

買収前の監査・調査、いわゆるデューデリジェンスではわからず、経営者インタビューでもわからなかったのですが、議論を進めていき、自分の思い通りにならないとパニックになるような人だったのです。さらに議論できない状況が続くなら、だったら自分ですべて判断してもらおうと委ねると、コロコロと命令が変わってしまうなど、さほど経営能力がないことが分かりました。

一貫した姿勢と云えば、「営業活動だから」とゴルフや銀座のクラブやらで交際費をつかいまくっていたことくらいでしょうか。いったいそのどこが「営業活動」なのか、よくわかりませんでした。

中小企業はトップで決まります。そのトップが「自律神経失調症」では、なかなか長持ちしません。

当然ですが、その社長には辞めていただきました。この辞めていただく話をする際にも怒鳴り合いです。数回そんなことがありました。しかし、たまたま決算期末まで4ヵ月、その後の株主総会が取締役の改選時期でした。

期末過ぎてすぐに株主総会を招集し、その創業社長を「選任しません」でした。もちろん事前に選任しない旨の話をしましたが、ただ選任しないとなれば、時間オーバーです。会社との取締役の委任関係がなくなり、その創業社長さんとの関係はそこまでです。

注意しなくてはならないのは、期の途中で解任や辞任を迫った場合、残存期間分の役員報酬を要求されたり、解任手続きが厄介になる可能性もあることです。ちょうど任期切れであったため、手続き上すんなりと去っていただきました。株主側から選任された代表取締役やその他取締役が、会社に対し悪影響を及ぼす際には、辞めていただくしかありませんが、その際、役員任期については注意が必要です。

動脈硬化

「動脈硬化」とでもいいましょうか、経営者だけでなく、組織全体に柔軟性がなくなって、新たな現実に対応できなくなっている例も何度も見ました。

酒造会社の例でいうと、経営支援の提携先である同業他社のＯＥＭ製品として低価格帯の酒を数多く作っていました。安かろう、悪かろう、杜氏はじめ製造部の従業員がどんなに頑張って働いても全く利益の出ない商品を作り続けさせられていました。また、コミッション、経営指導料として年間数百万円を搾取され、その間従業員は減っていき、商品力も落ち込み、自ら首を締めていました。極めつけは、その同業者への売掛金はその同業者からの原料仕入れ代金と相殺させられていたのです。どんなに一生懸命製造しても、現金が入らない、まさに動脈をジリジリ締め付けられるような状況でした。

ことに首都圏では、純米酒などの高級酒の方が圧倒的に人気があります。各地の地酒を売り物にしている居酒屋でも、置いてあるのはその土地でも代表的なブランドばかりです。客単価を上げて利益を出すなら、高級化の波にある程度は乗らないといけないのに、そうしたマーケットへも参入できずジリ貧になってしまいました。

　また、動脈硬化とともに資金繰りの循環を阻害する「血管のつまり」のために会社存亡の危機にひんした例があります。

やむを得ず最後の手段として、大幅なリストラをせざるを得ませんでした。

　それは急速に成長しＪＡＳＤＡＱ上場（株式公開）を成し遂げ、それに合わせ業容も拡大、様々な事業領域を拡大した会社でした。関西地方のＩＴ関連機器販売や携帯電話の販売で業績を上げて来たＩＴ関連の営業会社です。

　ここも、ＩＴの拡大とともに、５００人以上の従業員を抱えるまでに急成長したのですが、投資事業を拡大し、それとともに本業のＩＴ関連機器販売が落ち込みをはじめました。その支援として第三者割当増資を引き受けるとともに数名の役員派遣を行いました。その一人として担当であった私が派遣されたのです。

入ってみると、営業マンが中心の会社でしたので、本業の業績下落とともに、上場後に開始した各種投資事業が失敗、結果として人件費が財務を圧迫していました。

派遣当初、私は非常勤取締役でありましたが、この局面を回避するにはより力を入れざるを得ないとなり、常勤の取締役管理本部長に就任し、資金支援をしつつも人員削減のリストラを最前線で指導しなくてはならなくなりました。

半数の従業員に辞めてもらわなくては会社存続がはかれない、従業員集会での説明会、それまで仲良く話をしていた人たちへのリストラ説明、まさに崖っぷちまで追い込まれていました。

悪いときには悪いことが起こり続けます。メインのメガバンクからはシンジケートローンのコベナンツ違反で10億円の貸金の返済を求められました。シンジケートローンとは、一つの金融機関が他の数行の銀行を取りまとめ、一緒に貸し出しをするローンです。コベナンツとは、借り入れを行う際、銀行と借入条件に特約をつけることです。たとえば、経常利益を数億円以上保つ、純資産を一定額維持する、など、特別な条件を付与して借り入れを行うものです。

このとき、特約条件違反をしたので、一旦このシンゲケートローンをすぐに返済してくれとのことです。このリファイナンス（借り換え）交渉を行いました。当時通常の貸出金利が２％程度であったにもかかわらず、８％以上の金利での借り換えです。この条件をのまなければ即返済してほしいとのことです。

提示された金利に唖然としましたが、ノンバンクと変わらない金利で仕方なく受け入れざるを得ませんでした。

リストラせざるを得ない状況と、メインのメガバンクからは法外な金利提示、企業が衰退するときの儚さです。その時の悔しさは今でも覚えています。

不慮の事故

それまでうまくいっていたとしても、しばしば、「不慮の事故」も起きます。

私が経験した大きな「事故」が２００４年のリーマン・ショックでした。

バイアウト・ファンドの投資先に、不動産を担保として資金を貸し出す業務を行っている、不動産担保ローン専業ノンバンクがありました。そのころも、私も投資担当者としてファンドから同社に役員派遣されていました。その時、金融機関はどこも融資を止めるどころか、さらに「貸しはがし」に走る銀行も出てきました。

その会社は銀行各行から200億ほどの融資をうけていたところ、リーマン・ショックが起きた途端、そのうち40億を借りていたある大手銀行から、「来月までに返してほしい」と言われたのです。

しかも返せないのなら、上場企業である親会社の預金担保が欲しい、と通達してきました。

業績不振よりも何よりも、このように予期しない出来事で中小企業などは倒産に追い込まれる例が多いのです。外からのショックが原因の心筋梗塞みたいなものです。

「それって貸しはがしですが」とお聞きすると、

「いや、貸しはがしではない」

「私は貸しはがしと思うので、関係官庁に聞いていいですか?」

とお伝えすると、「話し合いましょう」という妙な対応です。

どのように資金を調達したらいいか、大手銀行とはダラダラ交渉を継続しつつも、あらゆる手段で資金調達の方法はないか、どこか貸してくれるところはないか、まさに、水面では堂々としつつも水面下では足をバタバタしている水鳥のように資金調達に奔走しました。

そんな折、実はちょうど心筋梗塞のニトログリセリンのような、突然死を回避する奥の手がありました。リーマン・ショックで金融機関が機能不全になっている中、どこの金融機関も資金を貸してくれる先は全くありません。そこで考えたのは自らが持っている貸出し債権、正常な債権を証券化して、外からおカネを調達する方法です。

しかし、いくら優良債権を証券化しても買ってくれる投資家がいなくてはなりませんが、このときは資金に余裕がある会社に買ってもらいました。リーマン・ショックだからといっても資金運用を積極的に行う企業もあります。そんな投資家にとっては不動産に裏打ちされた優良債権で、かつ金利が高い証券ですので、積極的に買ってもらい、30億円の調達に成功しました。

結局、銀行とは交渉に交渉を重ねて、30億円調達しましたが、あえて一括で返済せず、1年間の分割で余裕を持って返すことになりました。

どうにか危機は免れました。

悪い原因　早期対処

いろいろな症状はあるものの、企業が病気になる原因を一言でいえば、どこかが「悪い」からです。「悪い」ところがなければ健康でいられるのです。

だから健康診断では、素早く「悪い」ところを見つけて、そこを治療する。再建ドクターのやるべき仕事はそれに集約されます。

一番多いのが「社長が悪い」。もう中小企業の病気の大半はこれが原因です。ワンマンで自分勝手にやり過ぎるオーナー社長から、本来器がないにもかかわらず跡取りだからと社長になり、思慮が浅い優柔不断な二代目社長など、タイプは様々。

前に例を挙げた従業員が「悪玉菌」になってしまうようなことも、もとを辿れば経営者が悪いことが多いでしょう。あとは、地方の中小企業にしばしばみられるような、いい人材が集まらないケースも増えています。人の体であれば栄養失調のようなことです。いい人材以前に、人そのものが来ない「人手不足倒産」もあるくらい。

「商品が悪い」というのもあるけれど、これは商品自体が悪いということもありますが、マーケットに合ってない、と言った方がいいものもあるかもしれません。前出の酒蔵の例など、まさにそれです。淡麗辛口の美味しい日本酒など商品そのものは決して悪くはない。しかし、若い方の嗜好が変わり今の世の中のニーズにあっていないから売れない。しかも、それをなかなか方向転換する柔軟性がない。

さらに、これこそ中小企業には、「取引先が悪い」があります。取引している企業から、とても利益の出ないような取引を押し付けられたり、生かさず殺さずとの「下請けいじめ」があることもあるでしょう。

たとえ経営体質が健全であっても、とんでもない取引先を掴んだばっかりに売掛金を踏み倒され、倒産に追い込まれてしまった中小企業なども少なくありません。
そこでたとえば、もしも悪い取引先と決別できない、取引条件も変えられないなどの不採算の事業があるのなら、M&Aで売却するなど早期に撤退し、経営の効率化を図るなどの抜本的戦略も必要です。

「病巣」は元から立たなきゃダメ、です。

第二章　治療法・外科手術としてのＭ＆ＡとＰＭＩ

私が風邪を引いて喉が痛くなったときに、かかりつけのクリニックに行きます。そこには私の特徴をよく知っている、医療行為のできる医師免許を持った医師、ドクターがいます。

また、草ラグビーの試合に出場し筋肉痛になったときには、駅前の整骨院に行ってマッサージしてもらい体調を整えます。この整骨院の先生も医療行為は行いませんが、私にとっては「ドクター」です。

私は医療行為をできる医師ではありませんが、「会社」という組織についてはその状態の判断や、経営の適正化・効率化を行ってきた「ドクター」を自称しています。

では、私が企業の病気を治すための「ドクター」として、治療法はどんなことをするのかということですが、究極の手法、それこそがM＆A（エム・アンド・エー）で事業を切り離すこと、あるいは事業を買ってくることです。そしてそれに続く事業の安定化を図り業績の向上を図る行為がＰＭＩ（ピー・エム・アイ）と言われる手法です。

すなわち、M＆AのあとにはＰＭＩが行われるものなのです。

PMIの重要性

M＆A（エム・アンド・エー）。これはもう日本でもすっかり定着した言葉になっているので、皆さん、ご存知かもしれません。

M＆Aは「Mergers（合併）＆ Acquisitions（買収）」の略称で、日本語に訳すと「合併と買収」です。「合併」とは、2つ以上の企業が1つの企業に統合されることで、「買収」は、企業が別の企業の経営を支配することを目的として株式を取得すること、あるいは事業の一部または全部を譲り受けることです。

昨今、そのM＆A市場が活発です。

大企業だけの話ではなく、中小企業であっても会社を売却したり、買ったりできる時代。

また、個人投資家やサラリーマンであっても会社を買って、経営者になることができたりする環境が整ってきています。

一方のＰＭＩ（ピー・エム・アイ）。

こちらはまだまだ知らない方も多いかもしれません。「Post Merger Integration」の略称で、これすなわち、Ｍ＆Ａ後、買収企業と被買収企業が統合を計り、その後の企業価値を向上させる作業です。

不健康な企業の対処法をごくわかりやすくいえば、Ｍ＆Ａは、何らかの問題、トラブルなどを抱える企業に対しての「外科手術」であり、ＰＭＩは、手術後に健康を取り戻すために行う「内科的治療」に当たるでしょう。

たとえ健康な会社間であっても、Ｍ＆Ａ後の経営統合や事業の安定化を図る行為はＰＭＩ業務です。

つまりＰＭＩとは、事業再編が行われた後の、

事業のモニタリング（事業の進捗を監視すること）であり

業績を安定化させる行為、マネジメントであり
当初計画通りに事業を推進する行為であり
被買収会社と買収会社（オーナー）との調整であり
ＰＭＩは、買収した会社が、その会社の規則やワークフローを同一とする事務の統合であると考えている会社も多いですが、要するにＰＭＩとは業績の悪い企業でも、優良企業でも、どちらにしても、Ｍ＆Ａ後の経営安定化のためのマネジメントのことなのです。

Ｍ＆Ａが定着化した昨今ですが、Ｍ＆Ａについての経験を語る人、多くのＭ＆Ａ事例をアピールして仲介業を行っているファイナンシャル・アドバイザー、金融機関・会計事務所、その他コンサルタントなどはたくさんおります。はたまたＭ＆Ａの解説本や専門書は至るところで目にするようになりました。

しかし、
「Ｍ＆Ａした後、どうするの？」
「Ｍ＆Ａした後、どうなるの？」

この点については、あまり説明されていないのではないかと思っています。

また、会社を売る方でも、買う方でも、病気があるかどうかによって、取引が成立できなかったり、あるいは取引金額が少なくなったりします。

やはり健康な会社であることが一番いいことです。

特に、会社を買ってみたら、「こんな『病状』が隠れていた！」なんてことがよくあります。

M＆Aでいちばん重要なのは、「買う」ことではなく、「買ってからどうする」ということなのです。このことが、真のPMIなのです。

大企業でもM＆A後の事業統合や再編に苦労されている会社はいくらでもあります。よく、上場企業が海外会社を買収したものの、うまく活用できなくて投資の減損処理を行ったということはお聞きするかもしれません。それは、多くはM＆A後のPMIが、うまく行かなかったことの結果であると思います。

大企業でもうまく行かないことが多い中、中小企業がＭ＆Ａで買収した後、どのようにしたらいいのかということですが、大企業でも中小企業でもやることは一緒です。しかし、中小企業の場合には、ＰＭＩがうまく行かなかったら、会社に与えるダメージ、影響が非常に大きくなってしまいます。

Ｍ＆Ａで企業を買収することは、対象会社が見つかり、資金手当てができれば誰だってできます。

しかし、その後どうするか、Ｍ＆Ａ後の対応を十分に行うことが必要であり、そこまでして初めてそのＭ＆Ａは成功したと言えるものなのです。

外科手術だけして、患者さんを放置してしまう病院はありません。術後の経過をしっかり診て、どんな治療を施せば症状が緩和、ないし完治するかを判断するのこそ、大切なことです。

治療は長期に渡ることもあり得ます。その間には予期しないアクシデントや変化もあるかもしれません。治療にあたっては、あらゆる事態に対処することが必要です。

ＰＭＩは、経験もさることながら、強い意志とそして度胸、冷静な判断力が求められる業務であると思っています。

Ｍ＆Ａ後、企業価値向上のためのＰＭＩ
～Ｍ＆Ａを成功させるために～

まずはＭ＆Ａで企業を買収した。では、どうやって企業価値を向上させるのでしょうか？特に中小企業はどういうことが起こり得るのか、私の経験をお知らせいたします。

優良企業の買収

基本「優良企業」と言われる会社は人材、組織、その他経営資源が揃っている会社です。そんな会社は買収した後でもそのままの経営を行い、新オーナーは事業計画程度をお聞きしていれば、あとは勝手に会社が動いてくれ、投資回収ができる、そんな会社が買収する会社としては理想なのかもしれません。しかし、そんなに思い通りに、想定通りに、ただ買ったからと言って、そのまま投資回収ができるはずがありません。「資金だけ拠出して新たなオーナーになってほしい、あとの経営は現経営陣に任せてほしい」と頼まれただけであれば、配当だけもらって経営には口出しせず、物言わぬ大株主として存在しているだけでいいかもしれません。しかし、よほどの理由がなければ、資金だけ拠出して黙っていてくれという投資、M＆Aはありえません。

M＆A後、大株主が替わったら、新しいオーナーの意を汲んだ会社経営となるのが普通です。それは「何が何でも新オーナーの言うことを聞け」ということではありません。オーナーと経営陣がよく話し合い、新しい経営目標に向かって意思統一ができること、協力し合いながら付加価値創造ができることが必要です。

投資家としての力量

ところが、優良企業と呼ばれる会社をM＆Aで買収したとしても、常に順調に行くわけではありません。オーナー（投資家）と経営陣が経営方針その他会社運営を巡って意見対立や、会社が意に沿わない方向性に向いてしまうときがあります。

そんなとき、現経営陣の社長はじめ役員陣に対し、言い方は悪いですが「言うことをきかせること」ができるかどうかなども問題になります。

投資家と経営陣のお互いが協力しあいながら、業績向上をするためには、オーナー方針と必ずしも同じ道を辿るほうがいいかどうかわかりません。オーナーの意に反したほうが業績向上を図れるかもしれません。

そのようなとき、新オーナー（投資家）はどう思うでしょうか。「私の考えよりも、違う方針をとったほうがいい」と、新オーナーが理解できるのであれば、それでいいと思います。

「何が何でも言うことを聞け」ということでなく、M＆Aで買収を行おうと考える投資家は、広い視点から会社経営を理解し、業績向上、付加価値創造のリーダーシップが図れることが必要です。

つまり、オーナー（投資家）の人間性が重要だということです。鋭い分析能力、状況判断能力、その他経営者に必要とされる技量はもちろんですが、特に投資家としての素質にはその人間性の尺度が問題となると思います。その上で、事業法人の活動が、業績を上げることだけしか考えず、社会規範に反する行為をしていたら、それを修正できる力量が必要になるはずです。

そのような考え深い投資家が増えてくれることを期待したいとも思います。

投資家としての決断

また、対峙する経営陣が明らかに道をずれている、あるいは進む方針が違いすぎる、もうそれ以上話し合いや、あらゆる手を尽くしてもどうにもならない状況に至るときにはどうしたら良いのでしょうか。

M＆Aをするということは、何らかの期待があってのことであり、経営陣がその期待に答えられないケースということでしょうか。

本来は、相手の頭の中だけでなく、心にまで響かせられるように、何度も議論を重ねていくことしかありません。

しかし、どうしても「腹を割って話し続け、相手の懐まで入り込む」ことができないときもあります。そのため、オーナーが公序良俗に反する手段を使う、パワハラ、モラハラ、その他非道徳的手法を使って思い通りにするなんてことはあってはならないことです。

もしそこまでしても理解し合えないときには、方向性を変えるしかありません。対峙する経営陣を退陣させる、あるいは、M&A（投資）が失敗したとして、株式を他に売却（エクジット）してしまうことしかありません。

私も、何度か投資家の立場で投資先の社長に辞めていただきました。ただし、辞めていただいた理由は、経営方針の相違、意見の相違ではなく、明らかに相手の経営手腕のなさでした。営業活動と言いながら多大なる交際費の支出があったり、明らかに想定以上の経営能力のなさでした。

むしろ経営方針が違っても一生懸命経営をされている経営者は至ってまともな経営者です。たとえ少々の方針が違うといっても、結果的に企業価値が向上するのであれば投資家としては経営者を認めることになるでしょう。ただ、あまりにも経営者としての資質に欠ける方が取締役になられていることはよくあります。

なお、取締役は法的には委任契約です。株主が会社の経営を委任することであり、受託者である取締役は原則いつでも辞任できますが、取締役を解任するには注意が必要です。

取締役解任は株主総会でいつでも可能ですが、正当な事由のない解任の際には、会社が損害賠償責任を負うこともありえます。具体的には、取締役としての任期までの役員報酬を請求されるなど、よくある事例です。その任期ですが、株式の譲渡制限会社である法人の役員任期は最高10年まで可能です。もし10年の任期途中で解任となった場合、以後数年間に渡る役員報酬請求の可能性があります。M＆A完了後には取締役の任期は短い期間を定款で定めることが良いのではと思います。

中小企業M＆AのPMI

従来からの役職員が有能で、商品・サービスもしっかりしており、取引先、顧客も確保して良好な関係を保っていれば、もちろんその会社は買収して安心ですが、そもそも中小企業でそこまで揃っているところはまずありません。大企業なら、組織が出来て、ルールも整備され、役職員が担当業務を責任持って遂行する体制も整っているかもしれませんが、中小企業にそこまでのバランスの良さを願うのはとても厳しいし、無理なことです。

つまるところ、買収後の経営基盤を安定化させ、企業価値向上策を講ずることが必要です。

簡単に言えば、不足しているところ（人・組織）を補い、売上向上策を経営陣とともに推進していくことです。

このように企業価値向上策をはかるというと、かなり格好がいいと思えますが、時には経営陣とひざ詰めで徹底した激論を繰り広げる必要があることが多いです。取っ組み合いの喧嘩になることはありませんが、怒鳴りあうことまではありました。これが企業価値向上策の必要性とあれば、嫌な思いをされる人がでてきても仕方ないことです。中には当該社から離れていく人もいるかもしれません。しかし、腹を据えて企業を伸ばしていく、企業再生を行う、ということは相当なストレスを覚悟しなくてはならない局面が必ずあるものです。

たとえ優良企業を買収したとしても、覚悟を決めた何らかの策がなければ当初の目的とする企業価値の創造ができない、買った後、何も手を打たなければ、企業の価値はどんどん減っていってしまうものなのです。

地方老舗企業の特徴

また、地方には土地々々で多くの優良な会社が存在します。延々と経営を続け、地域に根ざした企業や、地方にありながらグローバル展開をされている製造業、地方から大都市へマーケット展開されているサービス業・流通業の企業など、地方に本社がありながら成長している企業がたくさんあります。

しかし、反面、以前は優良企業でありながら、現在は業績低迷している企業もたくさんあります。どこかの時点で、戦略や商材、その他経営方針が時代に追いつかなくなってしまったのではないでしょうか。

まず私自身の経験からして、ことに地方老舗企業（極端な事例ですが）をチェックしていくと、ほぼ、同じように目立った特徴が見受けられます。いくつか、箇条書きしていきましょう。

「そのような特徴はうちの会社ではありえない、けしからん」と、思われるかもしれませんが、どこか同じような気質がある会社もあるのではないでしょうか。

●カリスマ創業社長が会社全体を支配していることが多い。

強力な営業力、カリスマ性を持ったオーナー社長が独裁者として君臨し、従業員や取引先、地域にまで多大な影響力を持つ。社長の考えによって、独自の企業文化も出来ている。

●社長と従業員との関係も深い。

地縁血縁も密接につながっている。

どこかに共通の知人、親戚縁者がいる。

●従業員も多くは近隣地域に古くから居住している。

そのために、会社、地域、家とのつながりが深い。

●老舗の企業では、一族から代々社長を輩出するケースが大多数。

会社は、一族、地域と一体化している。

●社長、従業員とも視野が地元のみに狭まってしまいがち。

営業環境も限定されたコミュニティのみになってしまう。

●異質な価値観の排除をしがち。

保守的、排他的な傾向が強く、自身の存在感を保持するためもあって、異質な文化の排除にむかいやすい。

これらの要因から、いつの間にか消費者嗜好の変化に遅れてしまった、マーケット環境の変化に気づかなかった等々、対応に遅れを取ってしまった結果、現時点での業績低迷に甘んじている会社があるのは残念なことです。特に中小企業では、周囲からの意見を聞く耳持たない経営者、社長本人の意識改革なくして企業の成長はありえなくなっています。

買収後、派遣された社長がずば抜けた能力を持ち、柔軟な発想で経営展開をする会社であれば引き続き「健康体」を保てます。中小企業の企業価値は、ほぼリーダーの「器」にかかっているのですから。あえてPMIに着手する必要もないくらい。

問題は上記のような要因から抜け出せず、所謂「病気」に侵されている会社を再生する手法です。

結局のところ、PMIの主たる業務内容も、古く濁った血や、ボロボロになった内臓を一度リセットして、根本的な体質改善を求められることがどうしても多くなるのです。

新潟県新発田市　市島酒造株式会社
～地方老舗企業の抜本的な企業再生事例～

私が企業再生に携わった、地方の歴史のある老舗企業の特徴をほぼ網羅していた典型

1790年創業・市島酒造

的な会社がありました。

私はまさに、そこの「再建ドクター」として社長として派遣され、一定レベルの経営体制を整えたのち退任いたしました。単なる抽象的な理屈ではなく、ナマの体験としてのＰＭＩ、Ｍ＆Ａ後の経営安定化実務をご紹介します。

舞台は、新潟県内の、２３０年の歴史のある酒造会社。前の章でも、少し触れさせていただきましたが、再生に至る経緯をもう少し細かくご紹介します。

もともとの経営一族は全国でも有数の大地主だった家です。

酒蔵の所在地は駅前の市街中心地にあって、とてもたくさんの観光客が酒蔵見学に訪れます。

酒蔵施設だけでなく、住居や庭園、歴史的な風情も感じられ、いわば「地元の重要文化財」的な要素もあります。買収した新オーナーは、「この産業・文化財を残したい」との気持ち一心でこの事業を譲り受けました。

従来の経営は、典型的「同族経営の地方の老舗」。

私的整理後に経営委託されたその社長はじめ経営陣に「器」がなかった、といったらストレート過ぎて申し訳ないのですが、入ってみて、そう言わざるを得ない状況を痛感させられました。

かつてはビールの卸売りまでやって、年間売り上げ20億以上あった会社が、すでに清酒業のみで数億円程度に落ち込んでいただけでなく、すでに売上高の2倍以上の債務超過も抱えていたのです。

取引銀行も、決して手を打っていなかったわけではありません。リストラや店舗の縮小で効率化を目指したり、首都圏のコンサルタント会社を紹介したり、同業他社との協業による再生を促したり。

市島酒造の失敗と宝

見事なほどに、すべてが裏目に出ていました。

・コンサルタント主導によるリストラ、経営体制の変更はかえって経営体力をむしばむことになり、コンサルの意見に振り回されて社内は活気を失い、経営は軸がぶれてフラフラ。
・同業他社との協業では、量販向けの薄利多売商品を作らされて、かえって利益は削り取られている。
・何より、時代のトレンドと遊離して、商品が売れない。
・最大のマーケットである首都圏は販売にコストがかかるからとカットして、地方マーケットでしか販路がない。
・しかも商品構成は昔と変わらずに古いまま、ブランドもバラバラで何ら一貫性がない。

・債務整理後に就任した地元地域出身の経営者たちは財務経理の知識が乏しい、いや、まったくない。

・そのくせ「名門」企業として、地域からも思われ続け、現経営陣も過去の名声に安住している。

つまり、通常の企業活動であれば当然行っているであろう管理体制、営業体制が全く整っていませんでした。

債務整理に至るまで、金融機関が良かれと思い経営改善を促しても、生かすどころかかえって経営悪化を招く経営状況に至らしめたのは、従前の経営者による経営能力のなさゆえでした。

まさに「二次破綻」寸前でした。

どうしようもありません。会社をさっさと畳んで、再建なんて考えない方がいいくらいです。

ただし、最後に残っていたのは、「美味しい酒」と最後まで残っていてくれた優秀な杜氏はじめ20名の従業員です。残ってくれた正社員、契約社員等、これまで苦労してきた人たちです。

新オーナーには、

「とにかくこの地にこの酒蔵は残さなくてはならない、地域にとって残すべき産業である」との強い決意がありました。わたしは新オーナーの心意気を感じ、「再建ドクター」として現地に赴任しました。

その他、新オーナーとともに地元の産業・文化を継承したいとする地元の有志の方々もいらっしゃいました。また、何と言っても、最後に残った「美味しい酒」と残った従業員たち。

その人達のためにも乗り出したからには、腹をくくり、やり切らなくてはと決意いたしました。

経営の迷走

すでに私が経営に入る3年ほど前、メイン行である地元地銀が、根本的な「外科手術」をするチャンスがあったようです。

その当時、元社長の経営手腕を見切り、銀行が同業他社を紹介する形で、同社の支援を受けさせたようです。

しかし、その同業他社指導による安酒の製造や、同業他社で製造した原酒を同社のラベルを張って売り出すなど、その同業他社の利益を優先した方針が進められて、かえって会社は先細ってしまっていたのです。しかも営業指導料として売り上げの7％を要求され続け、その同業他社からの売掛金は、同社からの仕入れ買掛金、経費支出の未払金と瞬時に相殺され、まったく現金が入ってこない状況が続いておりました。

つまり、目先の投薬などで治療の先送りをしているうちに、会社の体質は次第に弱体化していたのです。

木を見て森を見ず
～目先のコストカットよりも売上をあげること～

もしこの同業他社との取引を行おうとした、まさにその時点で思い切って債務整理をして「出直し」を計っていたら、まだ経営的な余力が残っていたかもしれませんが、後の祭りです。支援に乗り出した同業他社による経営支援策が、かえって状況悪化をよんでしまったのです。

結局、この業務提携も、同業者と何度も協議を重ね、取引解消ができました。最終的には、毅然とした態度で交渉に臨み、先方の譲歩を引き出しました。

様々な業種、特に大手企業の協力会社など、取引先の状況により経営が左右されることが多いと思います。とにかく状況に応じて早期に打開策を常に考えるべきと思います。

また、とかくまず根本的な策を施すのではなく、目先のコストカットなどの対応を優先しがちです。従業員の整理、効率化と称して事業の縮小。なかなか思い切った策までは至らないことはやむを得ないと思われますが、その結果、にっちもさっちもいかなくなって、債務整理に入らざるを得ないことになります。

この酒造会社もそうでした。債務整理が行われた段階で、残念ながらほぼ手遅れ。コストカットよりも前に、トップライン、いわば売上高を上げる方策をとらなくては、企業の体力は回復しないのです。体力が回復しなければ病気も治らない。しかし残念なことですが、銀行としても、トップラインを上げるための実行や、抜本策は、債務者や会社任せにならざるを得ません。

再生手法　状況把握

2018年11月1日　まず、会社に初日赴任した際、営業会議と呼ばれる会議がありました。

本社会議室にて会議が開催された途端、現経営陣たちがタバコに火をつけ会話が開始されます。数年前に禁煙した私としては、いまどき密閉された会議室内にて喫煙可能な社内会議にまずは驚かされました。

私はとりあえずオブザーバーとして出席しておりましたが、会議の中身が全くない、稚拙な会話。会議の主題は営業会議であり、次期の売上目標額を検討する会議のはずでしたが、まったく議論にならず、どちらかというとできないことの言い訳をすり合わせているような状況でした。

この瞬間思ったのは、「大変な会社に来てしまった」という印象でした。おそらく何ら経営方針らしきものもなく、ただ惰性で営業が行われているだけの印象です。組織だって、管理もされておらず、規律性も感じられない雰囲気です。

ちなみに、私は中小企業のいろんな会社にお邪魔して、その経営陣の方や従業員の方数名とお話しさせていただくと、1日でだいたいその会社の状況が想像できます。

どこに問題があるのか。

社長なのか

その他経営陣

従業員の方々なのか

会議の進め方にしても

会話に論理性があるのかどうか

議題に即して決定プロセスに向かう会議進行なのか

活気があるかないか

声の大きい人と、その他の人たちとの距離感はどうか

それにより誰がキーマンなのか

数時間の会議に参加させていただいただけでも、大体の状況把握は可能です。また、雑談の中でも会社の状況や社内の雰囲気は伝わります。銀行員時代、製造工場に行き工場内の整理整頓がしっかりしている会社は業績が良い、堅実経営だと先輩によく言われましたが、そのとおりでした。優秀な医者が患者の顔色を見るだけで病状がわかるようなことでしょうか。これもいろんな会社とのお付き合いをさせていただいたからだと思います。

再生手法　資金繰り

会議のさなかに、私は真っ先に確認したい点がありました。

それは資金繰りです。

案の定でした、資金繰り表は作っていないとのことです。

以前は銀行に言われて、経理の担当者が作成し、それを当時の社長が銀行に持参していたとのことです。その後、新会社になってからは無借金の会社になったわけで、銀行に資金繰り表はもちろん試算表等の決算書類を出す必要がないとのこと。

やはり、思った通りだれもお金の流れを把握していません。今、この時点で一体いくらの現金があるのか、明日にはどのくらい、来週には、月末にはどのくらい、誰も把握していません。

借入金がなくなり、銀行に提出する必要がなくなり、金融債務がなくなった途端、企業としての緊張感がなくなった典型でした。

資金繰り表の作成

何度も出させていただきましたが、企業にとって大切な経営資源、それは現金です。人間で言えば血液です。この血液がなければ企業も生きていけません。

とにかく、どんな企業でも、企業再生の局面では当然ですが、仮に優良企業であっても、まずはその血流の流れを把握することがいちばん大切なことです。

いつどれほどの金額が入ってくるのか（売上金、売掛金など）

いつどれだけの金額の支払いがあるのか（買掛金、経費支払など）

会議終了後、早速経理の女性にも資金繰り表の存在を確認しましたが、やはり今はないとのことです。それどころか、11月末には仕入代金（酒米購入代金）の支払いがあり、資金が700万円不足するとのことです。先程の会議でも資金繰りの話をしていない、というよりは現金が不足することさえ誰も知らないのです。おそらく新たなオーナー

冬の酒蔵

が資金繰りを面倒見るだろうとの認識だったのではと思います。経理担当の女性だけが資金ショートを知っていました。

すぐに親会社と協議し、翌月12月に資金支援を要請しました。

組織、社内の理解

資金繰りの把握のあとには、社内を歩き回りました。酒造りにはいろんな設備があります。酒を仕込む大きなタンク、瓶詰めライン、麹を作るための麹室、その他いろいろな設備があります。しかも増築を繰り返した酒蔵です。しかも新潟の冬が近づく季節、寒さも身にしみる季節に、酒蔵内を歩き回りました。

そこで、働いているすべての従業員への声がけをしていきました。

ちょうどインフルエンザの予防接種の時期でした。

製造部の研究室に入り、状況ヒアリングと酒造りについて教えてもらっていたところでした。30分から40分話したでしょうか、帰りがけに担当者から

「俺等にこんなに話をしていただいて、ありがとうございました。また、インフルエンザの予防接種を会社経費で打たせていただき、ありがとうございました」

と、言われました。

今までの社長は、従業員と経営の話をしたことがないとのこと。またインフルエンザの予防接種も労働組合から会社負担を要請しましたが、会社から断られたのことでした。予防接種の費用ですが、3千円程度だと思いますが、全員負担しても6万円程度、その程度の費用で皆が元気に働けるのであれば、何と安いことでしょう。また、そのことで従業員のみなさんがやる気を出してもらえるのであれば、コスト以上のパフォーマンスがあるのではないでしょうか。

また、特に驚いたのは、「俺等にこんなに話をしていただいて」と、言われたことでした。やはり、業績の悪い会社でした。地方の中小企業で従業員数が20名程度の会社でさえ、社長が従業員と経営の話をしていない。破綻するのは必然です。

地方の大型旅館再生の際も同様でしたが、意外にもそこで働いている人達との意思疎通がない会社、多くあります。

私は、会社に出社している際、暇を見ては必ず社内を歩き廻り従業員の人達に声をかけ、業務のことはもちろん、様々なことを話題にして交流を図ることを心がけておりました。

事業計画の策定

また、早急にまとめ上げなくてはならないのは事業計画でした。まさにカルテの作成です。

これは、ステークホルダー（利害関係者）へ説明する資料であるのは当然です。しかし、なぜ急いで計画の策定が必要であったかといえば、それは従業員へ説明するためでした。

残った従業員は、今後どうなってしまうのか、不安に思っています。そのため、会社一丸となるためには従業員へ将来の道筋を示せるかどうかということが大変重要です。

事業計画の要旨

①現状の再検証
②この会社の強みを活かす
③新たな視野から営業体制を見直す
④コスト構造の再検討

計画の具体策

①現状の再検証
現状の分析には十分時間をかけます。

SWOT分析を中心に整理します。

STRONG（強み）WEAK（弱み）OPPORTUNITY（機会）THREAT（脅威）
②この会社の強みを活かす
分析した後、どの商品、その分野で勝負できるのか、資源の集中化を図る。
③新たな視野から営業体制を見直す
会社の強みを最大限活かせるよう、今までの営業体制を見直し、新たな営業手法を導入するなど、従来の営業スタイルの他、抜本的な営業手法を検討する。
④コスト構造の再検討
強みを活かすためには、今までのコスト構造、配分を変える必要があります。節約すべきことはより節約し、コスト・投資すべきところを明確化し配分する必要があります。ケチになることではなく、かけるべきところにかけることが必要です。

大手にも勝てる商品開発

以上の視点から、事業計画のキャッチコピーは、

・何と言っても、美味しい日本酒を（強み）
・広く消費者にお伝えすること（新たな営業手法、マーケティング）

この単純な2項目です。
誰でもすぐに理解できるシンプルさが大事です。単に書面にするだけでなく、あらゆる機会を通じて、従業員やステークホルダー、取引先へアピールしてゆきました。

具体的には、
・新しい商品開発として、若い人向けの純米酒の開発、淡麗辛口の最先端を行く辛口大吟醸の開発。ブランディングの再構築
・酒蔵見学に年間2万人が来場することに注目し、直売店の集客強化。どこから誰が来場してくれているのか来場者を分析し、その地域の旅行社にアプローチ
・ＷＥＢ戦略強化、首都圏及び全国での催事販売開始により、消費者に直接リーチする戦略

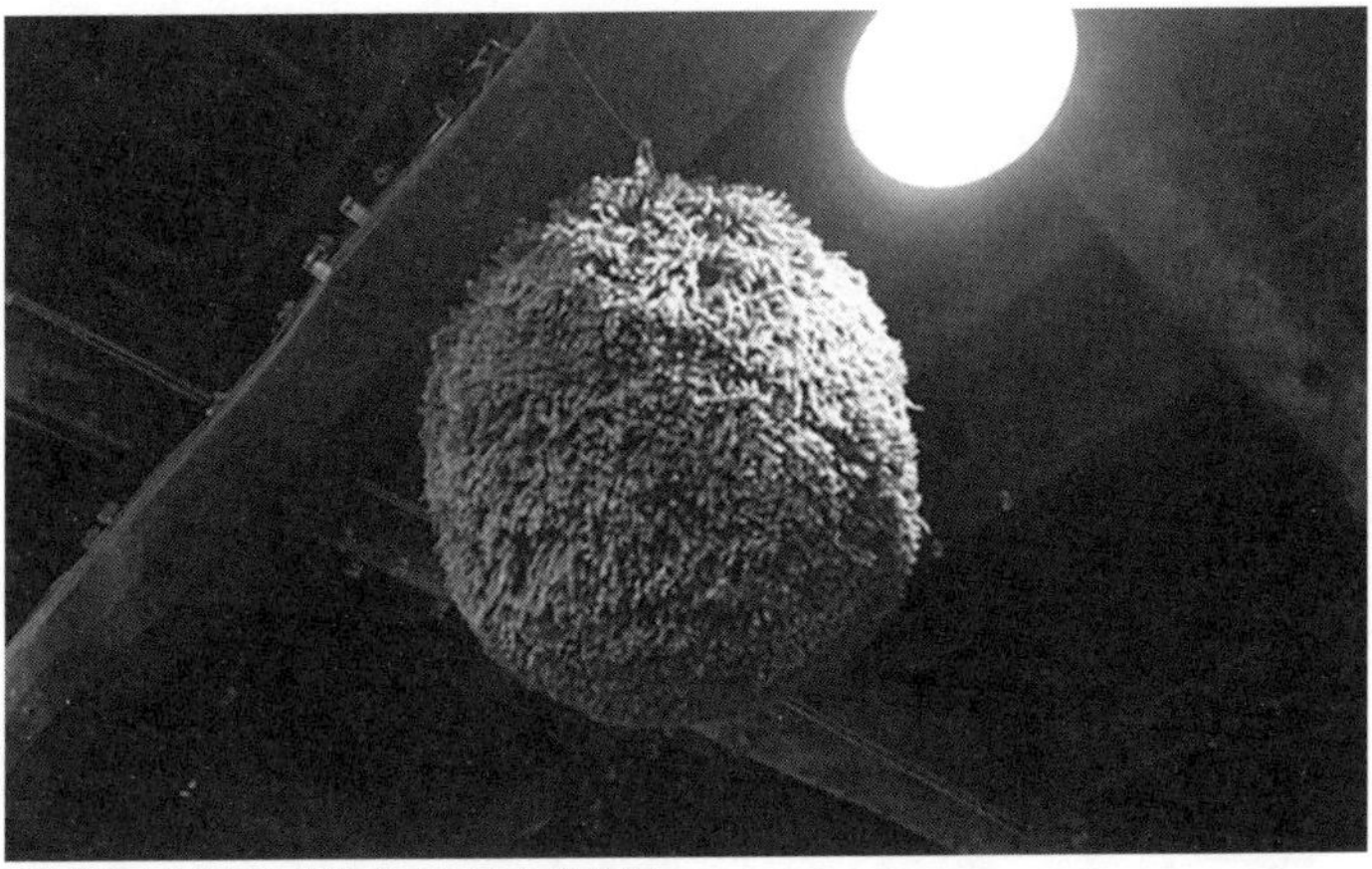

新酒ができたことを知らせてくれる杉玉

高齢化や日本酒離れが続いていて、20年間で清酒の出荷量が半分になってしまうなど、清酒業界のシェアが低下しています。特に若い方の日本酒離れが多いようです。同社でも販売量が減少しており、販売数増加なくして企業再生は不可能です。そのため、日本酒を普段あまり飲まない世代の方々へアプローチする商品開発を行いました。新潟と言えば、端麗辛口が有名ですが、あえて甘くてかつフルーティさをウリにした新商品、ネーミングも「かれん　純米甘口女子限定」という赤ラベルにネコをあしらった商品を開発しました。

　すると、２日間の日本酒のイベントで、準備した１０００本近くを完売してしまいました。

私たちのブースには女性はもちろん若い男性も、かなりの数の来場者が集まっていただき、会場でも目を引くブースとなりました。

これを契機に社内の雰囲気が変わっていったのは言うまでもありません。小さな会社でもターゲットのニーズに合った商品を投入すれば大手にも勝つことができるよい事例です。

この他、従来からの日本酒ファンに向けての新商品も開発しました。新潟と言えば辛口が好まれております。そこで、辛口が好きな人向けの商品として、大吟醸の辛口商品も投入しました。アルコール度数19％、かなりパンチのある大吟醸です。お好きな方はそのままで飲まれるのもいいのですが、ロックやハイボールにて大吟醸を贅沢に飲んでいただこうと、飲み方のご提案を行いました。この商品は、意外にも首都圏の催事販売などでかなり目を引く商品となりました。

これらの新商品ができたきっかけは製造スタッフからの声です。

実のところ、開発してはみたがタンクに眠っていた原酒。「これどうしましょう」との製造スタッフの声があり、マーケットに照らし合わせて商品化したものが、若い人向

新発田城　別名・菖蒲城（あやめじょう）

けの商品であり、日本酒通向けの商品でした。そのようなスタッフからの声掛けがなかったらあり得なかった商品です。どれほど現場の声が重要かの事例です。

販売戦略の見直し

そのような商品をベースに力を入れたのが直販売の拡大です。既存の小売店様や卸会社様とのお取引は、今まで以上に緊密にしたのは当然です。しかし、同社がこれまで以上に売上と利益を獲得するためには、新しい販売チャネルの開拓がどうしても必要でした。

それは、小さな会社でも消費者にアピー

ルできるＷＥＢマーケティングの活用と、酒蔵見学の集客強化です。
ＷＥＢ活用は今では当たり前の手法ですが、同社の対応は遅れていたとしか言いようがありません。

特に特徴的なのは、年間2万人のお客様が来店いただいている酒蔵見学です。市内の観光施設としては、新発田城が一番の来場者数ですが、なんと同社は市内で3番目、4番目に多い来場者数を誇っております。同社の新オーナーや地域の賛同者が認めているように、この酒蔵はこの地域で大変重要な観光施設であったのです。

新発田市郊外に年間70万人近くの来場者がある月岡温泉があり、チェックイン前、チェックイン後に、バス利用の団体客にいらしていただく観光施設としての性質を持っていました。

来場者の売上比率はかなりの比率を占めています。また自社売店のため利益率がすべてのチャネルの中で一番高いチャネルでした。

ところが、そんな営業チャネルがあるにもかかわらず、なんら営業をしていないのが現状でした。

まず、どこからお客様が来場いただいているのか、どのようなお客様がお越しいただいているのか、まったくわからないとのことでした。なぜ、どこから、どのようなお客様がいらっしゃるのか知っておくべきかと言えば、多く送客してくれる旅行会社（エージェント）は、また送客してくれるはずだからです。

だからこそ、送客いただいているエージェントへの営業が大変重要なのです。

年間2万人の来場者も、呼び込むことにより3万人まで集客することはたやすいことです。つまりはお越しいただければ、その比率に応じて売店売上高を増加できるのです。

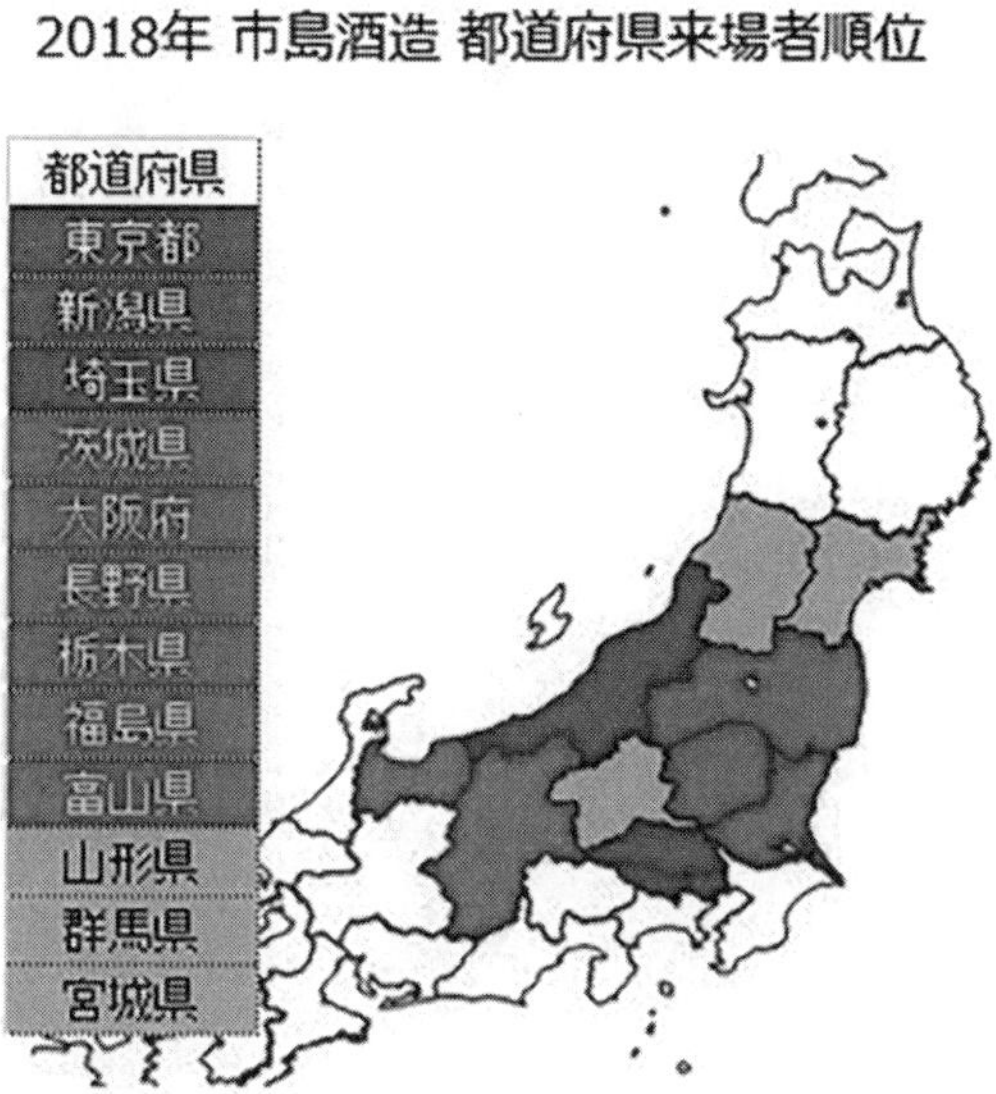

酒蔵見学　来場者数調査資料

この営業手法は、日本酒販売の営業というより、旅館ホテルの営業手法と同じ考えです。旅行会社へのアプローチは、従来からの酒類営業と切り離して考えるべきなのです。

そこで、過去2年間にわたり、来客数のデータを整理しました。都道府県別、エージェント（旅行会社）別、人数、募集企画なのか社内旅行なのか等々、データベースを整理いたしました。これにより、予想外の地域からご来場いただいているのだということがよくわかり、当然その地域への営業を強化すべきということになりました。

何といっても実態を理解することが如何に重要かということです。

取引金融機関との関係

債権放棄してもらった地方銀行との預金取引は継続しており、メイン行として取引継続させていただきました。経営が変わり、まったく新しい会社になったとしても、その事業をよくわかっているであろう金融機関との付き合いを断ち切る必要はありません。メインとしては引き続きその金融機関と考えておりました。

資金調達もいつまでも親会社に頼ってばかりいられません。

事業計画作成とともに、年間の資金繰り表を作成したのはもちろんで、秋にはまた酒米の仕入れ資金が必要になります。その他資金需要も考慮し、銀行へ融資の相談をしました。以前からの取引金融機関は、快く支援いただけるとのことでしたが、どういうわけか融資申込から実行まで手続きが一向に進まず3ヵ月の期間を要することとなりました。その間、売掛金の早期回収を図るなどあらゆる手段を使い、なんとか資金繰りを立てました。

また、融資条件として、銀行は代表者の個人保証を求めてきました。この場合、新会社の代表者は二人。株式100％を所有する新オーナーと、雇われ社長であり、株式をまったく持っていない私です。それでも個人保証を求められたのは「代表取締役社長」だったからなのです。

銀行融資も県の信用協会の保証付き融資で、自社所有の不動産を全て銀行に担保提供しており、評価額はおそらく融資申込額の数倍はあろうかと思います。

しかし、資金繰りのために保証を求められればやむを得ないことです。数千万円の連帯保証を応諾いたしました。

私が銀行で融資営業を行っていた時には、確かに代表取締役社長に個人保証を求めていたことはよくありました。それは当たり前と言えば当たり前でしたが、最近では「経営者保証に関するガイドライン」という基準もあり、経営者保証のあり方も変わってきております。

ましてや、事業再生を図るような特殊な案件で、従来の金融慣習が当たり前ということであれば、地方中小企業の再生もスピードが遅くなるような気がします。

とはいえ、会社と、従業員のために、やむなく個人保証は応諾いたしました。ところが、たまたま融資時期が遅延し、私が辞任する時期と融資実行がほぼ同時になったため、融資実行時には個人保証は外していただきました。

社外の障害

この企業再生の過程で大きな障害となったのが旧オーナー家との関係でした。

本来、旧会社の影響をすべて払拭するには、旧オーナー家は経営一切から退くととももに、もし、その事業所に居住していたのであれば、事業譲渡とともに退去していただくことが当然です。

ところが、今案件に関しては、旧オーナー家の事情があり、引き続き酒蔵隣接家屋に居住し続けておりました。このことは新経営陣にとっては、いい影響を与えませんでした。なぜかといえば、それは旧来の関係を新会社の役職員へ引き継いでしまうからです。会社の組織とは関係がなくなったといっても、「近くに居る」ということは、必ずどこかで会うことになります。決して良い影響があろうはずがありません。また、近隣住民からしても、今まで通りオーナーと従業員としての関係で新会社を見てしまいます。

残った経営幹部の中には、旧オーナー家がかわいそう、私は彼らのために尽くしてきたのに、と思う人もおりました。思っているだけなら人間の感情はやむを得ないのですが、前出の悪玉菌としての例でもありましたが、取引先に対し新経営陣の悪口を言いふらす始末です。残念ながらその方には辞めていただきました。

また、近隣住民、地域政財界との関係でも微妙です。前にもお伝えしましたが、同社は地元の老舗企業で地域一番の名家です。それが債務処理をしなくてはならないほど業績が悪化してしまっているとは思わなかったようです。

その処理の仕方も、民事再生法のような法的処理でなく、私的整理だったために、周囲にもそこまで経営状態が悪化しているのが伝わっていなかったのです。私に言わせれば、一つの失敗要因でした。

まだまだ多くの人たちにとっては、その酒造会社は、倒産寸前の会社ではなく「地元の名門優良企業」だったのです。

おかげで、新オーナーが好意で会社を買い取り、同社の再建を身銭を切ってやろうとしているのに、「力づくで会社を奪った悪役」になってしまう。もし、新オーナーを非難するのであれば、自分たちで資金拠出し旧会社を支援すべきです。それすらせずに非難だけするありさまです。

これは再建のためには大きな障害になってしまいました。

一番かわいそうなのは、やはり非難の声を直接浴びた従業員の方々です。その声とは、

「その家系と酒蔵は表裏一体なんだ、粗末にするなら皆の感情が許さない」

「そんなひどい会社とは取引しない」

「そんな会社の酒は二度と飲まない」等々です。

実際に新潟県内の方であればだれもが知っている大手先に、取引を断られました。やはり地方の老舗、中小企業の最たる事案です。

従業員の方々のために、何としてもその逆境から抜け出さなくてはならない。そのためには、会社が生き返った。こんなに良くなったのだということを知ってもらうしかないのです。

おかげさまで、業績は急回復いたしました。

事業計画策定時に、新会社実質初年度の損益計画は20百万円の赤字予算、次年度に収支トントンの中期計画を建てました。しかし、初年度には営業黒字化の目処をたて、1年前倒しで進捗できました。

そのことが地域の皆さんにわかっていただけることも、そう遠くないと思います。

本事例は、地方のマーケットが減少している企業の事例です。

このような事例では、今までと同じようなやり方ではなかなかターンアラウンド（企業再生）できません。

従来の発想を転換して、戦略を見直す必要があります。

自社の状況・スキル等をよく考え、市場・消費者の動向に沿った戦略と戦術を実行することと、企業経営としてあたり前のことを愚直に行うこと、普通の会社の体制にすることが必要です。また、しいて言うなら、過去数十年の経営から現在までタイムスリップさせることが必要です。

〝M&A〟とは
～M&Aの実態と、会社を買い取るということの意義～

かつて、M&Aで会社を売ったり買ったりするなんて所詮は大企業の話。中小企業には縁がない、と思われていた時代がありました。

ところが近年は、ぐっと身近なものになり、中小企業経営者はもちろん、サラリーマンで投資家として会社を買い、会社のオーナーになるのも珍しくなくなっています。昔に比べて、明らかに会社の売買に対するハードルは低くなっています。実は、その他、M＆Aにも、いろんなケースがあります。そのM＆Aに至る様々な事例をご紹介します。

業績悪化による会社あるいは事業売却
～企業再生型M＆A～

一つは、前出の酒造メーカーのように、ある会社がこのままでは病状が悪化して、倒産しかねない。でも、新しいオーナーが買って、不採算部門をカットするなどの経営努力をすれば、再建もできるかもしれない。また買う側にも、その会社が持っていた技術や人材などを譲られたり、などのメリットもある……。そんな健康でない会社をそのまま買い取るケースがあります。

しかし、業績悪化から事業売却するような場合、法的処理が必要になる場合があります。

譲り受ける側としては、金融機関からの借入金や未払い債務、その他負債をできるだけ少なくして譲り受けたいと考えるでしょう。所謂メタボ体質の会社など、不採算事業とそれに付随する債務が大きすぎるために血管が詰まってしまっている会社など、その負債を圧縮する必要があります。

また、様々な病状が積み重なり慢性的な赤字体質のため過大な債務が積み上がってしまっている会社などは、譲り受ける会社からすればメタボ体質をそのまま受け入れるようなもので、健康体であった会社まで贅肉が溜まってしまいます。そのような場合には、できるだけ不要な負債はカットして譲り受ける場合が多いです。その際には、民事再生法や破産手続きを経て必要な債権債務を引き継ぐことが多くあります。

また、法的整理に至らなくても私的整理という方法もあります。特に金融債務が多い場合、金融機関が主体となって話し合いの上、その金融負債をカットし企業再建を図る方法です。

金融負債以外の負債の種類としては、事業の取引に伴う売掛債権・買掛債務などの債権債務があります。商品を販売したがまだ代金が支払われていないもの（売掛金）、材料を仕入れたがまだ仕入れ代金を支払っていないもの（買掛金）、このような取引は事業活動の一環ですので、そのような債権債務はそのままにした上で、過剰な金融債務をカットする方法です。

法的整理と私的整理

法的整理は、民事再生法や破産手続き等を行い債務の整理をする手法です。裁判所が関与することにより公に債務処理が行われますが、公なるがゆえに、法的整理をしたことを皆が知ってしまうというリスクもあります。また裁判所の許可がないと商品を売却できなくなるなど、取引ができなくなる局面があったり、取引先やお客様への商流やサービスが低下してしまうこともありえます。

かたや私的整理は、大口債権者との調整だけで早期に処理してしまうため、債務者の商品供給やブランドイメージが毀損されることを最小にして事業再建できるという利点があります。しかし金融機関が中心になり話し合いの上処理をしようとすると、その他の債権者との利害関係の調整、手続きの公平性、不透明感があるがゆえ、整理の状況が周りから分かりづらいと思われることもありえます。

そこで、その調整機関として都道府県に設置されている中小企業再生支援協議会や、事業再生ＡＤＲなど、公的な第三者の介入により債権者、債務者との調整を図ることがあります。ここでは、法的整理・私的整理の詳細は述べませんが、本業を活かすために過剰な債務の処理が必要な場合には、取引金融機関はもちろん、税理士・会計士・弁護士、その他企業コンサルタント等専門家への相談が欠かせません。

私も何度も債権カットを含んだ再生処理の相談を受けておりますが、必ずしもすべての会社が債権カットしたからといっても再生できるわけではありません。

この局面での企業再生は、債権放棄、債務整理後には必ず残した事業が生きていけるのか、その事業の可能性がある場合などには債権者の理解が得やすいと思います。安易に債務から逃れようとしても、債権者の理解が得られるわけではありません。

金融機関はもちろん、今までお付き合いいただいた仕入れ商品の取引先など、今までの売掛債権等をカットしたとしても、再生処理後の取引を継続したほうがメリットがあると思ってもらえるか、かつ債権者に対し誠意を持った対応ができるかどうかにかかっています。


また何と言っても、その会社、事業に「勝負」できる資源があるかどうかです。商品であったり、技術力であったり、人材であったり、店舗そのものであったり、その企業が持つ優位性がない限り、次なる再生はできないのです。

債権者からすれば、もし破産処理をしたとしたら、残った財産で債務の弁済が多く期待できるかもしれません。その予想される弁済額を減らしてでも再生に期待するのは、その企業が再生できることにメリットを期待できるからです。私も、案件をお聞きした際には、その会社が本当に再生できるのかどうか、なにか「勝負できるもの」があるのかどうか、まずはその点を十分に検証いたします。それで、これだったら再生は可能であると考えた会社についてはハンズ・オン再建に従事してまいりました。

ハンズ・オンとは、会社の中に入り込んで、すなわち何らかの立場、役職を得てその会社の社員の一員として実務に携わることです。

第2会社方式の私的整理

従前からお話しております、栃木県の大型温泉ホテルや新潟県の酒蔵は、結果的に、金融機関の私的整理により、「第2会社方式」による会社再建、事業売却を行うスキームでした。

この「第2会社方式」は金融機関が主導する再建策としてはよくある企業再生スキームです。

従来の事業を残す事業（収益力のある事業、GOOD事業）と不採算事業（BAD事業）に分割し、残す事業（GOOD事業）を新設法人か既存の法人に受け皿として引き継ぎ、不採算事業（BAD事業）はそのまま既存法人に残した後、その既存法人を特別清算などにより処理を行う手法です。金融機関はその既存法人に残った債権を放棄して処理するパターンです。

酒蔵の場合には、金融債務をカットして、事業継続に伴う債権債務を残し、原料・商品在庫やその他事業資産である土地・建物、その他醸造設備一式の固定資産を、新しいオーナーが設立した新設法人に一括事業譲渡しました。

この手法は再建型のM＆Aと言えます。

これは債務過多の既存会社から新会社に事業を回避させ、その既存の債務過多の会社は破綻処理してしまう、金融機関の債務処理として象徴的なケースと言えます。

譲り受ける会社の意義、譲り渡す会社の意図

事業・会社を譲り受ける側のM＆Aのメリットとしては、既存事業の不足する領域を補填し業容拡大することと、事業進捗のスピードを上げることであると考えられます。

事業拡大を図る会社にとって、新規事業を行おうとする際、または既存事業の拡大を図る際に、他社で成長した会社や事業を買い取り、自社の事業に追加するケース。よく、「ジグゾーパズルの欠けたピースを補填」するというような言い方もされます。

また、M&Aで「時間を買う」というような言い方も良くします。つまり、自社で最初から事業を立ち上げ、または拡大を図るには時間がかかります、反対にM&Aで対象会社または事業を買ってきて事業に付加するとしたら早期に自社に収益を取り込めることになります。これがM&Aは時間を買うと言われる所以です。

買い手の会社の都合の良さもありますが、反対に売りたいと考える会社の都合もあります。

これまでなんとか会社経営を継続していたが、資金繰りに窮し経営を引き継いでもらいたいと考える経営者もいるかもしれません。また、体力のない会社が、どれほどよい商品・サービス・技術を持っていても、活用できる体力やマーケットを持っていなくては宝の持ち腐れです。もし資本力のある、マーケットを持った会社が事業を引き継いでくれれば、当初の開発した会社の商品・サービス・技術がより生きることもありえます。まさに昨今、中小企業では、買い手も売り手も、こちらのケースでM&Aが進められることが多いのです。

いったい、なぜなのでしょうか？

少子高齢化の影響が企業の事業承継に影響

戦後、高度成長の波に乗り、日本国内でも様々な企業が誕生し、世界有数の国家になりました。その基礎を築くのに、大企業などの上場企業とともに大きな役割を果たしてきたのが、企業全体の99％以上を占める中小企業でしょう。

しかも首都圏、近畿圏など大都市圏ばかりでなく、広く日本全体に渡って中小企業は頑張ってきました。

ところがその企業を立ち上げてきた人たちが、最近では高齢化で、せっかくの事業を承継できずに廃業せざるを得ない状況となっています。そのような流れが急速に来ており、ここ10年は、特に地元の金融機関も将来の取引先の減少を懸念し事業承継を積極的に媒介する、すなわちM＆Aアドバイザリー事業を積極化しています。

金融機関とすれば、せっかく今まで取引していた企業の廃業は、取引先の減少に繋がります。しかも高齢化の進展が一挙に来ますと、それは地方の金融機関にとっては収益の激減に直結します。これこそ「地方の衰退」です。企業も金融機関も、待ったなしに追い詰められた状態なのです。

もちろん以前からM&Aによる事業の承継は一般にありました。保有株式を他社に売却する、事業譲渡により他社に事業を移管する、あるいは異業種グループとの再編を行う、など形は様々ですが。ただ、小規模企業で後継者、特にお子様もなく、親戚縁者にも引き継がれる方がいない、といった場合、たとえ経営が傾いているわけでなくても、やむなく廃業を選ぶ経営者が多かったのではないでしょうか。

それが変わってきたのが、ここ10年くらいなのです。

大企業だけでないM&A

かつてはM&Aというと、経済紙の一面を飾るような大きな事業再編等のイメージが強かったかと思います。しかし、最近では広い意味でのM&Aが認知され、売上高が数億円程度のM&Aはもちろん、より売上金額の少ない数千万円規模のM&Aも盛んになり、廃業することなく事業が引き継がれることが多くなっています。
近年はさらなる進化もしています。

M&Aの仲介者

M＆Aの仲介会社が金融機関、税理士、会計士と協力して、積極的な営業活動による「売り案件」の発掘をするのは当たり前になっています。その上、ここ数年、インターネット上で、小規模案件の「売り案件」を提示して、それを個人の投資家が買い取るなど、小さな案件が非常に目立つようになってきました。M＆Aはもはや、「企業と企業」ばかりでなく「個人が企業を買う」、そのようなことが可能なスモール案件が注目を集めています。

それによって、今までなら廃業していた企業が、従業員を解雇することもなく次の経営者に引き継がせられるのなら、その企業のみならず、地域経済にとっても、とてもいい影響をもたらすのです。

地方優良企業M&A　事例
～地方でも十分にM&Aが成立する～

もっとも、だからといって、「健康体」の会社を買い取ると、すべてがうまく行くわけではありません。

現に私が関与した案件でも、いくつも問題を抱えてしまった例はありますが、その一つとして、いわゆる地方の優良企業のM&A事例を考えてまいります。この会社はM&Aで大手企業に譲渡されて、その直後に経営に参画するようになった案件です。

地方中核都市の製造業。従業員約10名、年商5億、利益5千万円（オーナーが退任した際には役員報酬その他経費5千万円近くの営業利益底上げ可能性あり）を出していたのですからその地域では超優良企業です。財務経理内容は抜群で、地方企業ながら透明性の高い企業経営をされていました。奥様が経理を担当はされていましたが、創業社長も経理内容をしっかりと把握されており、金融機関からもかなりの信用力がありました。

オーナー社長も、顧客はもちろん取引先の協力会社に対するきめ細かいアフターケアにつとめるなど、地元でもとても評判のいい方でした。

ただ、一人娘のお嬢さんが経営者として事業承継するとなると難しく、他の後継者も見当たらないという状況でした。

すでに70代に達した社長が引退したら、せっかくの会社も解散しなくてはいけないかもしれない、また今後の事業展開を考えるより資本力、与信力のある会社との関係強化が必要と考えました。

そこで事業継承として社長はM＆A売却を決断しました。

M＆Aの相談先：金融機関

社長からこの相談をされた先は、地元の地方銀行です。

この地域は地元地方銀行が2行ありましたが、M＆Aの相談をされたのは、従来からメイン取引している地方銀行Aでなく、ほとんど取引のないもう一方の地方銀行Bでした。メイン銀行Aとは頭取はじめ役員とも親交を図っていたにも関わらず、事業承継の相談はされていませんでした。

なぜ取引のない銀行へ相談したのか、メイン行へ相談すると融資を引き上げられる、事業をやる気がないと思われる、日本の経営者気質からなのか何らかの後ろめたさがあったのかもしれません。

M&Aの相談先：税務・会計事務所　その他M&A仲介業者

本件同様に、メイン金融機関に会社売却の相談をしにくいという経営者は多いようです。ではどなたがいいのか、それは日頃経理をお願いし、状況をよく理解している経理・会計事務所に相談しやすいと考えるようです。そのような地域密着の経理事務所から情報を吸い上げM&Aを成約させているM&A仲介専門の上場企業も出てきているくらいです。

しかし、昨今は地域金融機関も積極的にM&A案件を発掘し自ら仲介のアドバイザリーになって手数料収入を拡大しています。むしろ融資利息よりM&Aアドバイザリー・フィー（紹介手数料）のほうが多いこともあり得ます。積極的にメイン行に相談されてもいい時代になりました。

Ｍ＆Ａの仲介会社も上場企業として数社出てきている環境下、このような相談ができるところも多くなっております。

先ほどの銀行や証券会社、その他上場企業から一人で行っているエージェントから、様々なＭ＆Ａアドバイザー、仲介会社が乱立しています。Ｍ＆Ａについて助言や相談、および実務を行うファイナンシャル・アドバイザー（ＦＡ）とも呼ばれている方々です。

そのため、一種のＭ＆Ａバブルと思える案件もあり、私に廻ってくる売却の案件中には、それほど会社の価値がないにもかかわらず、高値で売却を推進する仲介業者もいます。高く売れればその分手数料が多く入るわけですし、売られる経営者からしても高い売却益が期待できると思います。すなわち、手数料稼ぎに走る人もいますので注意してください。

また、実力以上に高値で売却を試みると、まとまる案件もまとまらなくなります。また、もし背伸びして高値売却されたとしたら、その後の経営には悪影響です。高値で買った人はその価格に見合う投資効率を求めます。投資効率を求めるがゆえに大幅なコストカットや積極投資の抑制、その他無理な利益追求への圧力が、残った従業員にかかることも考えられます。

つまり、実力以上の高値でのM&A取引は、譲り受けた側、残った従業員へ決していい影響は残しません。企業価値の算定、M&Aの売却額の算定は実力に伴った金額にすべきです。

M&A　会社の値段は？　事業の値段は？

そこで、会社の値段はどのように算定されるのか、興味があるところです。

この株価評価などの価額算定に関しても詳細は専門書にゆだねますが、ここでは一般的にM&A交渉で出てくる尺度を考え方としてお伝えいたします。

キャッシュフロー（年間いくらの現金を稼ぐのかの総額）の何倍という株式評価額の考え方もあります。しかし、中小企業の場合には、基本的にはその会社の貸借対照表の純資産額を基準にすることが一般的です。

また、会社全体の譲渡でなく会社の組織、事業の一部譲渡の場合もあります。これは事業譲渡という考え方です。

この際にも、その事業の純資産額をベースにそれに営業権（いわゆる「のれん」）を加味した価額になります。

また、ざっくりと株式の譲渡価格の目安とする考え方として、純資産額に営業利益の2年ないしは3年分を足した合計額を株式譲渡価格と決めてくる案件もあります。

また、会社を売却する際には、その借入金などの負債もすべて引き継ぐということが通常です。

今までは金融機関などからの借り入れをする際には個人で連帯保証をしていることがあると思いますが、当然その連帯保証を解除していただくことが基本になります。

どちらにしてもこれという基準はありませんので、売りたい方、買いたい方、それぞれアドバイザーに相談されて価額の目安を決めたほうがいいと思います。

ただし、ここで注意しなくてはならないのが、上記の時価純資産額をベースに譲渡金額を決定するわけですが、これはあくまでも一般論であって、実際の交渉では買い手との交渉により株式価値のディスカウント（割引）交渉が必要になることがあり得ますし、売主からは「俺の会社はそんなに安くない」と思われるかもしれませんが、評価にあたっては信頼できる仲介会社やＦＡ（ファイナンシャル・アドバイザー）に十二分に相談されることをお勧めします。

Ｍ＆Ａ　優良企業だからと成功するわけではない

優良企業であれば、ご子息や次世代の後継者が育っていれば事業承継はすんなりいくでしょう。しかし、後継者が期待できないときや、大手資本の傘下に入った方が会社は伸びていけると考えた場合には、やはり外部資本への売却を想定せざるを得ません。

おカネをもっている別の会社が買い取って、現社長は退職金がわりに株式譲渡代金を受け取る。手腕に乏しい後継者が継いで会社をつぶす危険も回避できますし、事業承継によるＭ＆Ａは売る側にとっても大きなメリットがあるのです。

先ほどの地方の製造業も、金融機関の仲介により、ある大手企業が手をあげ話はまとまりました。株式譲渡価格は5億円。はたしてその金額に見合う価値のある会社だったのでしょうか。

年商5億円、純資産額1億円、営業利益5千万円で、オーナーが退任した際にはオーナーにかかわる経費が削減され、実質的には1億円の営業利益の可能性がある会社です。それで株式の売却価格を5億円としました。

一見、毎年1億円の営業利益がでるのなら、5年で投資回収ができると思うと、それほど高い評価とは思えない価額です。

しかし、本当にその評価に見合う会社だったのでしょうか？

譲渡後創業者は退任し、6ヵ月の引き継ぎを兼ね顧問契約といたしました。

親会社となった大手企業から社長が派遣されましたが、業績は次第にダウンしていきました。

なぜでしょう。難しいのですね。

たとえ地域の優良企業であっても創業社長やオーナーが変わったとたんに業績が悪くなる、想定していた業績が出ない、このような会社の評価は、卓上の表計算ソフトによる計算から算出された理論上の価格と、実際とは全く違うのです。まさに「机上の空論」とまではいきませんが、その会社の地域性や地縁血縁、その他さまざまな要因が理論上の価額に反映されていなかったのです。

地域に根差したこうした会社は、もともとは社長さんが地元に持つ人間関係やその方のキャラクターで売上げを伸ばしていた側面があります。しかも会社の隅々まで管理注視し、取引先や従業員の特性等も熟知して経営を行っていた創業社長がいなくなれば、経営のスピードにゆるみが出てくるのは当然なのかもしれません。

例えて言うなれば、健康体の体にドーピングして事業を行っているような状況で、オーナーという栄養剤がなくなった途端、実態に即した経営状態に戻るというような状況です。

さらに失敗したのは、この事例では仕事の引継ぎをする名目で元オーナー社長を、半年だけ、中途半端な立場で顧問として残ってもらったことでしょう。

売った側も、もともとは自分が手塩にかけ育てた会社なので愛着がある。売上げが下がり始めるのを知って、「やっぱり、オレが経営しなきゃ」とばかりに口をはさむようになってきたのですね。一種、旧オーナーが悪玉菌になってきてしまうような状況です。ますます社内は混乱していきます。従業員たちは、ほぼ全員が元社長の薫陶を受けていた人たちであり、いきなり大手企業より派遣されてきた新社長より、前社長に付いてしまう。前社長の方も、「こんなことなら、売るのではなかった」などと言い出してくる始末です。

せっかく「健康体」で引き受けたものが、病人になりかかってしまった。

前社長に、完全にやめていただくしかありませんでした。指令系統が二つに分かれてしまうほど、組織が弱体化する要因はありません。ご本人はまだ未練があるようでしたが、自身で売却してしまっていますので、どうすることもできません。顧問をお辞めいただく説得に応じていただけました。

この案件では、顧問で残す、親会社および派遣社長のガバナンスが曖昧、などといった中途半端なやり方の失敗事例です。

一番大事であったのは、M&A後にどのように経営を引き継ぐのか、具体的な計画や手法が明確に譲受企業になかったことが原因です。ただ、経営者を親会社から派遣すればいいということでなく、一人では目が届きにくいのであれば数人のチームで対象先に入り込み、経営管理・営業管理を行うことが必要でした。

その後、ある程度までは持ち直したものの、低空飛行が続いて、かつての想定利益1億には到底及びません。すなわち当初計画時の投資回収に至らない状況です。健康体のままの事業継承も、そう簡単ではないのです。

経営難の会社M&A事例　不足したピースの補完により成長事業へ

病気の会社を買い取って再生した例も、紹介させていただきます。

アメリカではビジネスモデルとして確立されていた事業でしたが、日本で同様なモデルを立ち上げようとベンチャー企業が立ち上がりました。その会社に私が投資担当として関与した事例です。

まだキャッシュレスが今のように騒がれていないころでした。小さい会社で、電子ギフト券をギフト券としてプレゼント用に販売する、というアイデアを考えた会社です。ただ、システム投資が多大で、かつ薄利多売の事業です。

ギフト券を購入されたお客様の、未使用残高の半分を供託しなくてはならないなど「前払式支払手段に関する内閣府令」に基づく保全措置も講じなければなりません。資金力のないベンチャー企業が行える事業ではなかったのです。会社の規模が小さいと、とても利益を出せない。資金的にも行き詰ってしまいました。

その会社を、中堅のギフト商材開発会社に売却いたしました。譲受会社からしたら、会社というより、アイデアとシステムを買い取ったという方が正しいかもしれません。

譲渡後資金が豊富になることで、ギフト商材の一部としてこのプリペイド型ギフト券のシステムが有効に活用され、昨今では温泉旅館宿泊ギフト券やその他各種体験型サービスをギフト券化するという、新しい贈答サービスを世の中で確立しました。別会社ですが、このビジネスモデルでＩＰＯを達成した会社も出て来たくらいです。

この例に限らず、病気の会社を買い取るＭ＆Ａといっても、処理の仕方はいろいろです。組織全体を受け継ぐケース、持っている特許や技術だけをもらってあとはカットする「いいとこどり」ともいえるケース、特別に悪い「病巣」部門だけをカットして残りはなんとか再生させようとするケース。

医療の手術にも、病巣を取り除くものもあれば、臓器移植もある。同じです。買い手が何を目的としてＭ＆Ａを行ったかも様々です。事業承継だけでなく、会社の価値をあげて売却して利益をあげようとしているのか、自社の弱小部門を強化したいのか、地元経済の活性化を狙っているのか。

被買収企業の病巣だけを治療するのか、体質そのものを変えるのかでも、手術の仕方はまったく変わっていきます。

会社を買うということ

改めて、Ｍ＆Ａの肝にあたる「会社を買う」とは、どういうことなのかも、確認しておきましょう。

「買う」とは、すなわち、当該社発行済み株式数の過半数以上の株式を取得して、その会社の経営権を得る、ということです。

さらに経営権とは、会社の意思決定が出来る取締役の選任権を持つ、ということです。投資した本人、ないしは企業が自ら取締役として乗り込むのも、自分で選任した取締役を送り込むのも可能で、今までいた役員に経営を続けてもらって大丈夫、と判断すれば、そのまま任せる場合もあります。

とにかく会社を買うのは、被買収企業の事業を買うだけでなく、そこで働く人たちの人生をも背負うものです。生半可な気持ちでは買収はできません。

第三章　「再建ドクター」が使った治療法10カ条

会社の「症状」によって、治療法も変わってくるのは当然です。ひとつひとつ、人間の体がみんな違うように、会社も違うのですから。

ただし、いくつもの会社を診てきて、ある程度、どこでも共通する治療法があるのも確かです。私が体験した会社の具体例をあげながら、その最低限の治療法を10カ条にまとめてみました。

第一条「入るを量りて出を制す」
……安定したサラサラ血液に

とにかく、会社はまず血流（現金の流れ）の安定化が一番です。

業績の悪い会社は、とりあえずおカネがスムーズに動いていない。動いていないどころか、血液（現金）がないのです。

だからこそ、まずは事業継続を図るためには、現金の確保が最優先です。

反面、私がかつて関わった業績のよい飲食関連の上場企業でも、こんな例もあります。

当時の株式時価総額が90億円でしたが、なんと無借金でその資産のうち50億円は現金でした。創業当時資金がなく、信用力もなかったため、社長は万一のため現金を準備しておくことに気を配っておりました。上場してからも新しい店舗を作り、既成店舗リニューアルをしていてもそれ以上に利益の蓄積ができるほど業績好調でした。その会社については、確保できる現金があるのですから、さすが超優良企業です。

業績のよい上場企業でも、儲かったお金を投資や配当に回さずに内部留保を充実させている企業はたくさんありますが、その良し悪しについてはここでは申し上げません。ただし、使うべきところに使わないでケチった経営は、人体でいうとエネルギーにしないといけない栄養分が皮下脂肪でたまってしまった状態になりかねません。現金があるために経営の緊張感・機動力が劣ることもありますので要注意です。

どうしようもなく「病気」の会社は、現金が、そもそも、「いくら入って、いくら出ていくか」を掌握していないケースが多いのです。

そんなバカな、と皆さんはお思いになるかもしれません。いや、現実に「そんなバカな」会社が、特に業績の悪い企業にはとても多いのです。

事業が動いていると、「モノ」、「サービス」とともに資金が動いていきます。前章の酒蔵は特徴的な事例です。「いつお金が入って来るのか」「いつ支払いが発生するのか」、この単純なお金の流れを把握していない。まさに「どんぶり勘定」でした。

そもそもの事業計画、資金繰り計画がズサンで、流れを掴んでいないから、いくらの儲けになっているのかすらわからない。

銀行との関係でも、本来は、「将来これだけのおカネが入って来るから、これだけ借りよう」が、あるべき形でしょう。ところが、こういう会社は、「カネが足りなくなったから借りよう」になってしまう。だから返せなくなるのです。

赤字補てんのための借入金が累積していきます。

「入るを量りて出を制す」

二宮尊徳の経営思想です。商売の基本であると考えております。

ちなみに、尊徳翁は栃木県今市市（現日光市）にて農地再生を行いました。私はその地で1年間過ごしたことがあり、その近隣の鬼怒川温泉で2年間企業再生に従事いたしました。ご縁を感じます。

つまり、いつ、どれだけのおカネが入るかを見通して、コストをカットしていくのが経営の基本なはずなのに、まったく行われていない。その考え方を導入するだけで、見違えるほど症状がよくなる会社がたくさんあります。

最もよくあるのが、社長がいわゆる「経理オンチ」であるケースです。

中小企業の社長の中には、ずっとイケイケで会社経営を続けて来て、「オレは営業しか知らねぇ」と、経理は奥さんや税理士に丸投げ、という方も少なくありません。人の体でいえば、常に頭に血が上ってる状態で、体全体の血流なんて考えていない。

これはとても危険です。他人に任せていたら、使い込みや持ち逃げまでされかねない。実際に管理不十分であったがため、草津温泉では支配人・副支配人の不正に直面した反省に立っております。

たとえ自分が細かいところまでわからなくても、何ヵ月後までにどれだけのおカネが入ってきて、最低いったいいくらのおカネが必要経費で出ていくなどは、経営者は知っておくべきです。

こうした経営者は、お金の借り方もわからない。従業員の給料を払わなくてはいけないからと、返すあてのないお金を平気で借り続けてしまいます。

具体例は、それこそあふれるほどありました。ことに、私が地方銀行にいた時の取引先などの多くがそうでした。売り上げ数億円規模で、社長は旦那さん、奥さんが経理、などという会社です。仕入れの支払い、いつまで待ってくれるかの確認や、顧客からの入金の確認もしっかり出来ていない会社、いくらでもありました。

おかげで、不必要なものまで買い込んで、ズルズル出金を繰り返していたり。それでも社長の代は、どうにかその社長の培ってきた「顔」で会社の存続は出来たとしても、とても事業承継なんて無理。おカネの出入りがしっかりできてなければ可能性のある事業だけ分割して売却し、残った負債は処理するしかないのかもしれません。

付け加えるなら、最低限の血流、いわゆる現金の流れがないと、会社はおちおち「死亡」もできません。弁護士費用を含めて、「倒産」のためにもおカネが必要なのですから。

ですから、何よりもまず、「血流」をチェックし、おカネの出入りを明確にすることが重要です。

第二条「小も大を制す」……商品力、技術力を生かして「特効薬」を作る

大きな企業に商品力、技術力が集中し、小さい会社にはそれがない、とはならないのが、この世の中の面白いところ。

たとえ中小企業でも、大企業に負けない、というよりも優越している商品を作っているところはたくさんあります。

もっと言うなら、小さな企業で「病気」の進んだ企業の中にも、「ヒット商品」という「特効薬」を作れる要素は潜んでいる。それを見つけて役立てるのもまた大切な役割です。

あらかじめ私なりに考えている「特効薬」を申し上げれば、それは「いい商品・製品」「いいサービス」です。それに集中特化すべきです。

単に最先端の技術で作られているとか、時代を一歩進んでいるとか、そういうもので

はありません。そのような最先端の技術より、まずは血流の流れを良くしなくてはならない、売れる技術・商品が必要です。今のお客さんが、真っ先に選んでもらえるもの。ユーザー目線で「これ買ってみよう」と手に取っていただけるものです。だから時には、技術的には最先端より一、二歩遅れているかもしれないのです。

もっとも、最先端の技術を、資金を得るためだけの目的で、他社に売却する方法もあります。どうしようもなくなってきた段階ではそのようなM&Aの処置も必要になることもあります。

そうした「いい商品」を作るために、私は新潟の酒造会社でも試行錯誤を繰り返しました。

酒どころ・新潟でも日本酒の生産量は20年前に比較して半減していて、もはや既成のファン層だけを相手にしていては年々市場が縮小していくばかり。ただうまい酒をつくるだけではどうしようもない状況に陥っています。

若者や女性といった、今までは日本酒ユーザーのターゲットにはなりにくかった層に食い込んでいかなければならなかったのです。

しかし、新潟では「寒仕込み」とよばれる伝統製法が特徴で、それからできるのは雑味のないすっきりした「淡麗辛口」の酒が主流でした。また、新潟県のお酒は、どの蔵の酒でも皆美味しいのです。味の違いはもちろんありますが、どこのお酒も美味しい。当社の酒も、誰でも知っている酒蔵の銘柄と比較しても、

　味は決して負けない。

　だから、選んでもらって決して損はさせない。

そんな自信のある商品です。

では、どうしたら買ってもらえるのか。選んでもらえるのか。

ポイントはこれです。

知ってもらう

見てもらう

手にとってもらう

もちろん、淡麗辛口は主流です。ただ、私はそれだけでは広がりはないと感じたのです。

会社の持つ強みと弱みは徹底的に分析しなくてはいけない。長年の技術力は強みになるとしても、昔ながらの商品にばかり拘るのは弱みになってしまいます。

新たに出来上がったのは「甘口」を前面に押し出した「かれん　純米甘口」という酒でした。

ラベルも真っ赤で、ワイングラスを手に持った子猫がデザインされて、その上に白抜きで「女子限定」と入れています。もう外見だけみると日本酒というよりも果物のリキュールみたい。お猪口に注ぐとリンゴのような香りが漂います。飲み口もスッキリとした甘みと酸味が広がって、やはり従来の日本酒のイメージとはだいぶ違います。いや、これはお猪口でなく、ワイングラスで飲むべき日本酒です。

毎年3月初旬に新潟市内では、県内すべての酒蔵が集まり、試飲と直販のイベント「にいがた酒の陣」が開催され毎年10万人以上の方が来場します。実はこのイベント、普段はあまり日本酒を飲まない、若い人たちも多く来ていただきます。２０１９年3月、そのイベントに「かれん　純米甘口　女子限定」を出品したところ、若い方や女性たちに

No.77
王紋
ステキナ
ヨルダネ
ベイビー
女子限定
限定販売
王紋 夢 純米大吟醸
清酒 王紋
清酒 王紋
高級清酒
王紋
INTERNATIONAL WINE CHALLENGE
GOLD
WINNER

にいがた酒の陣

「かれん　純米甘口　女子限定」若い人向けに開発

とても喜ばれました。その月の出荷本数も、当初の予定を大幅に上回りました。

この「かれん　純米甘口　女子限定」は、今まで、会社が培ってきた技術力の否定から生まれたものではありません。かえって、その力が蓄積されていたからこそ出来上がったものなのです。

いい杜氏がいて、いい酒蔵があって、いい原酒が眠っていて。でも、せっかくの埋蔵された力も、うまく生かす新しいアイデアがなければ埋もれたままです。

中小企業でも、何十年と続いていれば、捜していくと必ず「埋もれたお宝」、活かせる商品・技術が見つかる。

まさに「宝探し」です。

第三条「『無駄なコスト削減』は厳禁」
……企業の栄養失調を招く

第一条では「入るを量りて出を制す」と語りましたが、ここでは、それとは少し矛盾しているようにお感じになるかもしれません。

ですが、実は同じことを言っているのです。「出を制す」とは決して、むやみやたらとコストカットすることではありません。使うべきおカネはつかい、必要のないところにはつかわないことです。

必要な設備投資、事業拡大の投資はおこなっても、不必要な支出は避けるべきです。ところが、業績の悪い中小企業は、得てしてまずコストカットから入ります。必要と思われる営業費までも削減してしまう。銀行から経営再建のために派遣された私もそうでした。損益計算書をまずながめて、どこにコストカットのタネがあるかを、目を皿のようにして捜す。銀行員には一見、「ムダ金」に見えて、会社の売り上げアップにとって本当は必要なおカネがどれなのか、さっぱりわからない。その事業が解らないが故に、どうしてもコストカットに目が行きがちです。

現に、鬼怒川温泉の旅館に出向した、銀行員だった若いころの私がそうでした。とにかくただ必要経費を減らすのが自分の役目だと信じていました。

たとえば新潟の酒造会社が、東京のイベント・催事販売に行くとします。従業員一人につき、5泊くらいするとして、交通費と経費で7~8万円はかかる。

さて、そこでコストカット第一の感覚なら、「これ、どれだけ売れるかわからないし、参加は中止しましょう」で7万円を節約する。

それが、イベントでの売り上げ以上に、東京で宣伝が出来る、あるいは今まで自社の製品を知らなかった人にまで商品名を知らしめるというメリットを捨てているわけです。

原価率50％と仮定すれば、もし売上が15万円くらい行けば十分です。売上総利益の範囲内で出張経費がまかなえるのなら、そのイベント出席は成功です。通年営業でその考え方では利益が出ませんが、スポットの販促、広告宣伝を含んだ催事イベントでは、コスト管理した上で積極的に参加すべきです。従業員のモチベーションも上がります。

直近では、九州の百貨店催事販売で、5日間で約90万円の売上を挙げた実績もありました。コストを恐れて営業チャンスを逃すリスクを避け、営業モチベーションアップが成功した良い事例です。

いや、まだ万円単位のコストカットなら話はわからなくもないのですが、どんどん重箱の隅をつつくようになって、最後は１００円単位とか10円単位になってしまうものなのです。このボールペンは高すぎるから、もっと安いのをつかえ、とか。

こうなると従業員にセコさを強要して、会社の士気も下がっていくばかり。人間の体でいえば、ろくに食べ物を口に入れてないから、栄養失調になってしまっている状態ですね。

ただ中小企業の経営者の中には、しばしば、そうやって従業員にコストカットを強いる一方､自分は平気で「オレが作った会社だから､カネは自由に使う」という方もいらっしゃいます。

必要な経費は必要に応じて確保すべきであり、何が何でもカットしてしまうのは、それでますます社内の士気はタダ下がりしてしまう。

社員にコストカットを強いるなら、まず社長が実践してみせなくては説得力がありません。

ちなみに私も、銀行から経営の傾いた温泉旅館に送り込まれて、初めて過度のコストカットが、ダイエットし過ぎてガリガリにやせたような「栄養失調」に陥るのを実感しました。

こういうときは、少々の「栄養マネー」（経費）を与えてあげないと、会社は衰弱します。

第四条「お客さんを知る」……会社の「視力」を高める

業績が悪化する会社は、だいたい「モノが見えていない」ことが多いです。

時代の流れも、多様化した新しいユーザーの好みもわからないまま、ただ昔売れたからといって、漫然と同じ商品を出し続けていたりします。

新潟地域の酒造会社も、相も変わらず、日本酒と云えば辛い酒が好きな人たちばかりと信じ込んでいる酒造会社が多いと思います。特に、地方の、伝統ある会社は、モノを見るのを拒絶する傾向が強いのではないかと思えるくらいです。

日本酒は「お銚子に入れて、お猪口に注いで飲むのが当然、お客もそれを望んでいる」と、当たり前のように思い込んでいるのかと思えることがよくあります。

ですから日本酒大吟醸のハイボールを提案した時には、みんな呆気に取られていました。

そもそも日本酒をソーダで割ってみる発想とは、邪道でしかないのです。

この原酒は、アルコール度数19度でやたらと辛い大吟醸酒です。しかし、香りがとても強くさっぱりしていました。

個人的にはとてもそのまま飲めるような商品ではないと思いました。実のところ、私はそれほどお酒が強くないのです。

「俺は辛口しか飲まない」という方には最適な商品でしたが、なかなか若い方には受けないと思いました。

そこで、もし水で割ってみたら、炭酸で割ってみたら、と思い。氷と炭酸を買ってきて皆で試してみました。そうしたら、何と炭酸で割ったら、あんなに辛かった原酒がとても甘くまろやかになるではないですか。

昨今、ウィスキーのハイボールがハヤってもいたし、炭酸を入れたら辛口だったのが甘くなって、一気に口当たりがよくなってる。さらにレモンを垂らすと、フレッシュな味わい。

これならイケると信じて、あえて飲み方を提案して、その酒を売り直してみました。

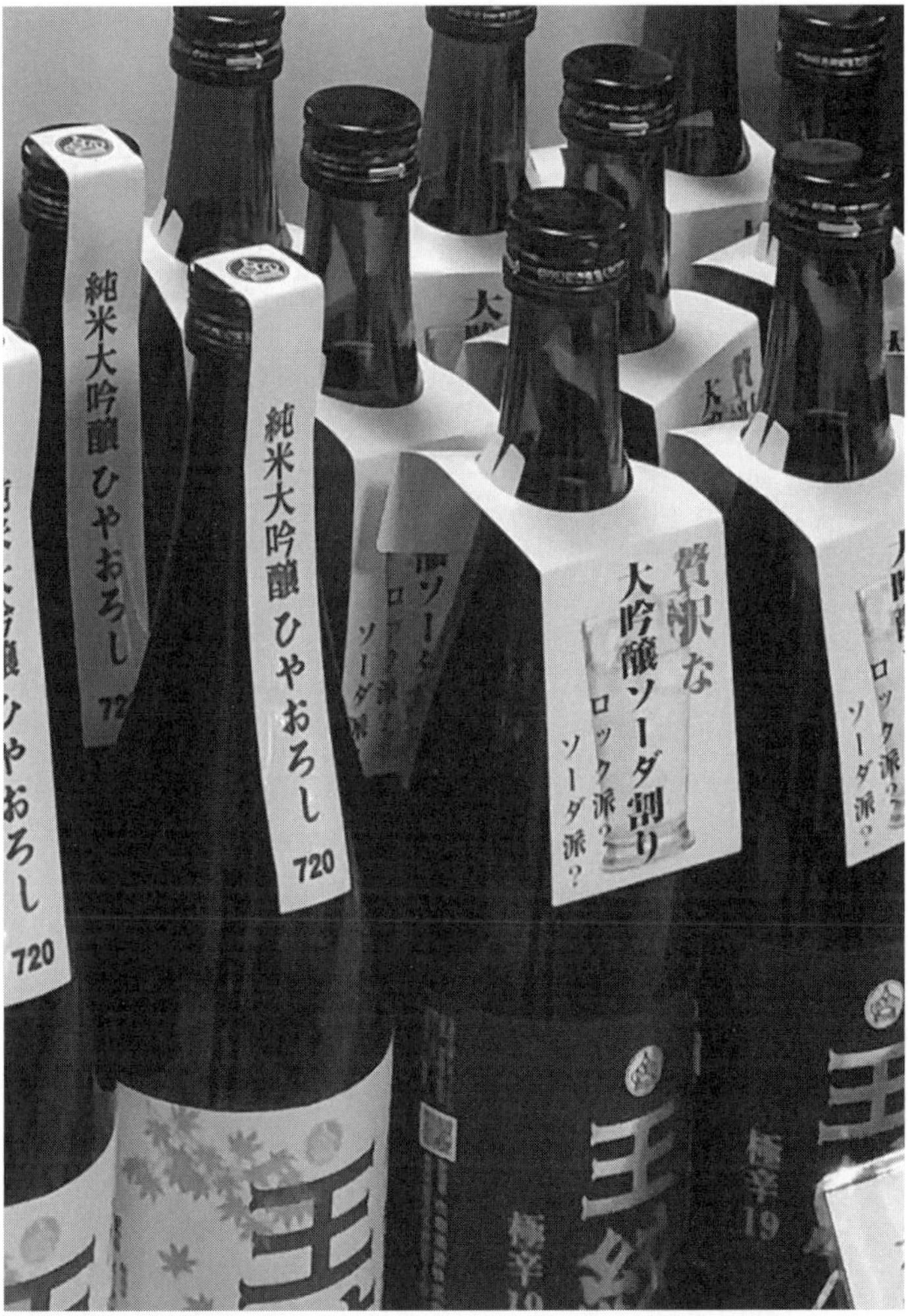

「王紋　大吟醸　極辛 19」 ハイボールやロックで、新しい飲み方の提案

商品は「王紋　大吟醸　極辛19」と辛さを際立たせたものの、そのボトルの首に、「ロックかハイボールにしてみませんか」とわざわざ作り方まで書いたカードをぶら下げました。

首都圏のデパートなどの催事販売で結構な評判になりました。この商品は若い人だけでなく広い世代に好まれています。

よくモノを見て、お客さんのニーズを知ることは、最初の第一歩です。

同様に、経営側が、お客さんのニーズの変化に目を向けず、「モノが見えていない」状態だったのを痛感したのは、数々の温泉旅館の再建に加わった時でした。

もうその時すでに、会社が社員旅行におカネを出して、夜は宴会でどんちゃん騒ぎ、といった「団体客」中心の時代は終わっていたのに、まだ旅館側はそこにこだわっていました。大量にお客が来て、売り上げも計算できるからです。特に昭和40年代から50年代あたりの高度成長期には、団体旅行客を束ねて一挙にお客さんを送り込んでくれる旅行会社、いわゆるエージェントは大事な存在で、旅館の営業と云えば、エージェント回りとほぼ同義語だったほどです。

結局、旅館は、お客さんの方ではなくエージェントの方ばかりに目を向けているうちに、いつの間にかエージェントが連れてくる「団体客」が激減してしまいました。

特に鬼怒川温泉の大型旅館では、稼働率は30％台に低迷。一部屋あたり定員稼働数は平均3人程度。団体のお客様から二人旅、「個人客」が主流になっていたことが原因でした。

そのため、今まで意識が薄かった個人客の皆さんに喜んでもらえるイベント作りを、旅館主導で考えなくてはいけなくなりました。そこで、それまでタブーであった、2人用の宿泊企画です。しかし、働き盛り世代、子育て世代の方はなかなか気楽に温泉旅行などできません。ターゲットは来客数が多い若年層と中高年層にしぼりました。

ときは11月でしたので、年末までの閑散期にどうしたらお客様を呼べるのか。それが、「二人だけの忘年会」企画でした。鬼怒川温泉ですから、やはり「クリスマス」より「忘年会」でしょう。二人だけでも忘年会しましょうとの商品です。もともと忘年会といえば大人数で行うという感覚がありますが、たまにはゆっくり、お世話になったあの人と忘年会で過ごしましょうとの問いかけです。

営業戦略としては、ウェブサイトへの露出と地元の日刊紙やフリーペーパーへの広告です。とにかく時間がなかったので、ちょっと温泉にでも行こうかと、すぐに来ていただける方としたら、近くに住まわれている方です。栃木県内から埼玉、東京の方へのアプローチです。やはり、たくさんのお客様に来ていただきました。この企画ですが、ただお客様が大勢来ていただいただけで終わりませんでした。

当時、平日の稼働を上げるため、格安料金の設定として、平日宿泊料金の設定を1泊2食、9000円としていました。でも、よく考えると、1万円を切った価格なら、9000円も9800円も、どちらもお買い得感は一緒なのです。そこで、あえて9800円にしました。その差額800円（二人分で1600円）の一部を原資に、お客様へのサービス品を用意しました。ワインとデザートです。

お客様がお部屋に入られる前に、サービス品をセットしておきました。お客様はお部屋に入られた途端、そのサービス品を見て驚きます。こう言ってはなんですが、第一印象が抜群によくなるのです。「こんなワインやデザートを頂いていいのですか⁉」皆さん驚いていただけました。

また、これだけでは終わりません。仕掛けがまだありました。そのサービス品の横にお客様へのメッセージとともに、「お客様アンケート」用紙を置いておきました。すると、ほとんどの方がそのアンケートにお答えいただけます。すべてのお客様が、アンケートの問いかけに、ほとんどすべての項目「良い」「○」です。「このようにおもてなしいただいたのは初めて」とか、驚くほどの喜びのアンケートです。

普段なら、このアンケートを頂き、良かったねで終わります。しかし、これをわざと従業員全員に回覧したのです。特にこの企画に関わった予約、フロント、接待、調理、そしてサービス担当者へ。すると「私がしたことがこんなにお客様に喜ばれた」「こんなに喜んでいただいたのは初めて」等々、従業員皆、感動です。

今まで、能力なき経営者、上司に仕えて、「余計なことは言うんじゃない」、「余計なことをやるんじゃない」など、皆押さえつけられて仕事をしてきました。そのような環境下、従業員の能力など引き出せるはずがありません。

この企画の後、私からこうしようと言い出さなくても、彼らから、「今度はこういう企画にしましょう」「こんな企画にしたいです」と、みなさんの意識が激変しました。これも前項の従業員という「宝」を掘り起こした瞬間でした。

第五条「従業員とのコミュニケーションは特に重視」
……心と心の交流を

この項目も、第四条に通じることですが、これも銀行から温泉旅館に派遣させられたころの出来事です。

世間が夏休み期間に入った頃、私が事務室のパソコン前で黙々と経理の帳簿や仕入れ伝票のチェック仕事をしておりました。当然です。私は傾きかけたその旅館の収支をチェックしつつ、「どうすれば貸出金回収ができるか考えろ」と派遣されていたわけですから。

そこへなぜか、ベテランの支配人がやってきて、こういうのです。

「そんなとこに座ってないで、こっち来て手伝え！」

意味わかりませんでした。私は30代前半のバリバリの銀行支店長代理で、貸付金が返済できないからなんとか資金回収ができるようにすることが自分の仕事だと思っていましたから。「俺に向かって何言っているの?!」です。


その手伝い、玄関・フロント前でお客様のお出迎えでした。

大型の温泉旅館は大概どこでも、14時か15時位にはチェックイン時間を迎えます。その頃を見計らったように団体客を載せたバスや個人のお客様の車が玄関前に到着いたします。当時収容人数2000人の大型旅館ですから、その時間は大変な賑わいです。お越しになられたお客様をチェックイン後お部屋にご案内、荷物運び、男性は主として、お客様のお車を、離れた駐車場へ移動させるといったフロントマン・ドアマンの仕事が忙しくなります。それを経理総務担当者や設備担当まで社員総出でサポートいたします。

実は私は、オフィスにいても手詰まり感を感じていた頃でした。そこで、ちょうど気分転換がてら手伝うかという程度の認識で、玄関前で「いらっしゃいませ」とお客様のお迎えをいたしました。すると、お越しになるお客様の楽しげな顔を見ているうちに、こちらも楽しくなる不思議な感覚が起きてきました。

数日続けていると、案外実は自分にはこの仕事があっているのでないかと思うほど、楽しい経験となりました。

そこでまた、新たな発見がありました。

事務室にいては話もしなかったような従業員ともおしゃべりをし、仲良くなったのです。

先程もお伝えしましたが、私は大口債権者から派遣された経営管理者であり、貸付金回収を目的に出向してきています。フロント、接客、料理運び、布団運び、レストランサービス、などの現場実務をやることは私のミッションではないのは間違いありません。

しかし、一番重要なことがあったのです。

それが従業員とのコミュニケーションです。

みなさんと一緒に、

　同じ目線で、

同じ仕事をして、

同じ目標をもって、行動すること

このことで、皆さんに私が受け入れられてもらえました。「今日も元気だね」「頑張ろうね」と皆さんから声をかけられ。

銀行から派遣され「上から目線」であった私の意識と、不安感でいっぱいだった従業員の方々との心が一致していった瞬間でした。変な違和感、変な空気感がなくなりました。

その後、不思議と、コストカットのためのワークフローの変更など、様々な対策が、「あんたが言うのなら、やってみよう」と、いっていただけるようになりました。それからの改革のテンポは相当早まりました。

旅館では、いろいろな人が働いています。

・ほとんど学校に行っていなかった20代の社員

・若いころは銀座のクラブで売れっ子だったらしき女性

・夫婦で働いているのになぜか苗字の違う夫婦（?）などなど。

全国各地から集まった様々な人生経験を積んできた人たちがいらっしゃいました。その方々と接するうちに思ったこと、それは、

「企業の再建とは『人対人の再建』、働く人それぞれに溶け込んでいかないといけない」と、いうことです。

医療業界も同じでしょうか、健康診断のデータだけ見て診察するのでなく、しっかり患者に問診して、コミュニケーションをとらなくては正しい診察はできない、「患者に寄り添う」ということでしょうか。当たり前といえば当たり前ですが。

コミュニケーションつながりでいいますと、ダメな会社にあてはまる大きな特徴の一つが、「経営者と従業員の接点がない」ことです。

社員数の多い大企業なら、それもある程度はやむをえないかもしれません。ですが、社員が多くても数百人、多くは数十人くらいの中小企業でも、両者の関係が断絶しているのは珍しくありません。

私は、いくつか、破綻しかけた会社に送り込まれたわけですが、だいたいはこれにあてはまります。経営者が一方的に方針を決めて、従業員の声に一切耳を貸さずに押し付

けだけする会社の雰囲気がいいはずがありません。経営者が「どうせお前らは、私が働かせてやっている」「私のいうことだけ聞けばいい」と考えていたら、それは必ず従業員にも伝わっているのです。

改めて、何度も出て来た新潟の酒造会社のことを例に出します。

従業員の一人が、

「ありがとうございました。こんなに社長が私と話してくれたのは初めてです」

驚きました。前の経営者は、それすらしてなかったんですね。これは破綻しかかるのも無理はないと感じました。

さらにその後もいろいろ話す中で、「今、製品化できなくて残っている酒があって、それを女性向けの甘酸っぱい酒として売り出したらどうか」との提案があり、結果として「かれん　純米甘口」として結実しました。

ちゃんと聞けば、ちゃんと、現場なりのいいアイデアは持っている。それをすくいあげられなかったら、中小企業は生きてはいけません。

耳を傾ける必要があります。

第六条「組織をよく見ろ」
……いざとなればM&Aで臓器移植も

果たして、しっかり機能化された組織をもっている中小企業って、どれだけあるのでしょうか?

案外少ないでしょう。社員数人の会社であれば、営業統括責任者も経理の責任者の一切は社長が兼ねているケースが多いでしょうし、従業員の一人一人がいくつもの役割を兼ねていて、いったい何の担当なのかよくわからないこともあるかもしれません。むしろ少人数で何種目も役職を兼ねているのも中小企業の特徴です。

会社が成長していって、どうしても営業のプロがほしいからと他社からスカウトしたりもするとしても、製造部門のスタッフとの連携がとれなければ、うまく実力を発揮できないでしょう。酒造会社を例にとれば、いくら酒を売る腕があっても、作り手が、今のニーズに合ったいい酒をつくってくれなかったら売れる筈はありませんまた、大企業で優秀だからと言って、それだけで中小企業で通用するわけではありません。たくさんの優秀な人材のいる組織で、その人が力を発揮できたのは、優秀な人材の皆の力、それと大企業の「看板」があったからです。中小企業に転職し、以前と同じやり方で仕事ができるはずかありません。小さな企業ではコピー取りさえ自分でやらなくてはならないのです。

「風通しのいい会社」とは、異なる部署でも同じ目的をもって、それぞれの役割を責任持ってともに前に進める会社のことなのです。だからこそ、適材適所、どの部署にも、そこに合った人がいて、組織全体がスムーズに動くのが望ましい。しかしながら、中小企業ではそこまで人材が揃っていないのが現状です。

そのような環境がある中でも、業績が上がらない会社に入って、まず組織図を刷新して、より効率化を目指したり、スリム化のためにリストラを推進する、というのは会社再建の第一段階です。

ですが、組織図にこだわるのもいいですが、そこで満足して一仕事を終わった気になってしまったりすることがあります。

事業計画もそうですが、組織図も作って終わりになっていることも多いと思います。組織図作成作業で終わることなく、組織が機能しているか、従業員の役割と行動がその目的にあっているのかどうか、常にチェックすることが必要です。リストラひとつとっても、実際にどの部署を削って、どのようなワークフロー（仕事の流れ）を変えるのか、実行後、想定した組織の変更が機能しているかどうか、組織図の作成だけで終わることがないようにしなくてはなりません。

組織作りは、言ってみればミクロとマクロなのです。

まずは従業員それぞれの適性をしっかり見抜く。どう見ても営業に向いていない人間をその部署に置く、などは、本来、少人数で目が届かないはずのない中小企業でも、平然と放置されたりします。ひょっとして彼は、商品作りのアイデアが豊富で、そちらの部署に置けば花開くかもしれないのに。

従業員の特性を生かし、現有勢力の中で、どこまで会社全体が力を伸ばせるかのプランを作り、実行してみる。きめ細かさが求められます。

一方、人数の限られた中小企業では、どれだけ頑張っても弱点を埋めきれない局面も出てきます。せっかく営業が動いても、製作部の技術的なノウハウが弱い、とか。さらに技術者一人スカウトするくらいでは埋めきれない、と。

となれば、思い切ってM&Aで、他社からその部門をまるごと買ってきて補う、同業他社の買収を検討するのも良い戦略です。前章でも書いた通り、今やM&Aは何も大企業だけのものではありません。素晴らしい技術を持っているのに、後継者が無く、事業承継が出来ずに困っているような会社はたくさんあります。

臓器移植ではありませんが、そうした会社をそのまま臓器の一つとして取り入れて、ノウハウを伝授してもらうのも方法です。

売上が堅調に推移しているにも関わらず、組織が現状に追いついていない会社がありました。地方の中小企業のサービス業ですが、売上高が百億円にもなっている会社です。そのような規模になっているにも関わらず、過去売上高30億円程度の規模の組織体制を引きずり続けていたのです。

全国的に営業展開を図っていながら、地方に管理部門を残しており、システム化や業務分担など、20年前の体制から替わっていない会社です。

今となっては古くなった経理システムすら使いこなしてすらおらず、すべての業務フローが紙ベース、何度も同じ作業を行って、担当者数が売上高に比例し適正人数の3倍で作業です。まずは最新の業務システム、会計システム等のシステム化が必要です。地方にあっても業績がよく資金繰り潤沢、このため従業員採用には困らない。羨ましい会社です。しかし、これが組織の軟弱化を招いていました。

また、この会社の最大の問題は内部管理に対する見識の低さです。管理部門管理職と呼ばれる人数も、この会社の規模にも関わらず大人数、船頭が多いだけ。本部長、副本部長、部長、その他管理職が何人いるのか、事務スタッフよりも管理職のほうが圧倒的に多い。地方であるがゆえに大胆な改革ができないのかわかりませんが、何と言ってもこの現状に甘んじているだけの組織です。

組織を見られない典型的な会社でした。

第七条 「『もったいない』は再建の邪魔」
……掃除と断捨離で、会社も清潔に

無駄だと思えるものでも、「もったいないから」と家の中に取っておくことって、よくありませんか。ましてや、「ゴミ」とは言いませんが、捨てるべきものを残して放置すれば、見た目も悪いし、衛生的にも悪影響を及ぼすのは誰でもわかります。

ほとんどの方は、「会社でそんなこと、するわけがない」と答えますよね。

ところが、企業経営においては、実際にそれが行われていることがよくあります。しかも、この傾向は中小企業に限らず、多少なりとも大きな企業も、勿体ないからといって、稼働していない設備や在庫、その他「動かない資産」を抱えていることが。

例えば、本業とはあまり関係ない不動産投資や株式投資を行い、価格が下落していても、「もしかしたら投資金額まで時価が戻るかもしれない」とか、「もう少し様子を見よう」とか思い処分できない、損切りできないこと、よくあります。

しかし、その損切りも、できる企業はまだいい方です。なぜなら、その損切りをする

ことにより、財務状況が悪化することがあるからです。減損処理して評価を下げてしまうばかりでなく、その処理をすることで、債務超過にでもなってしまうこともありえます。未公開企業、中小企業についてはよくあることです。この際には、特に企業再生過程にある場合には、思い切って損出処理、損切りをしてでも資産を売却すべきです。再生を図る上で身軽になって、経営資源を最小限に集中すべきなのです。資産を抱えていればその分コストが掛かります。借入れで不動産投資を行っているなどもってのほかです。

勿体ないなどとは言っていられません。

思い切って新しい機器を導入すれば安く済むのに、コストカットで新しい機器を入れるのは難しい、と古い機器を後生大事に残したばかりに、無駄なコストが膨れ上がっている光景を私は何度も見ました。

これは「退蔵コスト」と呼んでいます。

「退蔵益」という言葉をご存知でしょうか。よくプリペイドカードやギフト券などを前払で購入したものの、使わずに期限切れになってしまうことってありますよね。これは発行企業からすると期限切れになったプリペイドカードやギフト券は収益になってしまいます。これが「退蔵益」と言われています。以前電子データ型ギフト券の事業再生を行っておりましたが、この使われない比率は発行金額の2割にもなることもありました。

この「退蔵益」の反対の造語が、「退蔵コスト」という考え方です。

つまり、知らず知らずの間に、コストが積みあがってしまい、結果何の付加価値を生まないまま現金だけが流出していってしまうことを意味します。

この「退蔵コスト」も、会社再建の大敵の一つなのです。

前にも書いた通りに、鬼怒川温泉の大型温泉旅館再建の例です。まだパソコンが完全に普及する以前でもあり、その旅館では1億円かけた汎用コンピュータの予約システム、当初は使っていたようですが、使い勝手が悪いと、結局元の紙ベースでの予約管理に舞い戻りでした。

ちなみに、旅館の基幹システムは、ビジネスホテルなどに比べ大変難しい仕組みです。予約、フロント、調理、サービスおよび施設管理など、各関係部署の情報統一はもちろんですが、何しろ予約の複雑さが要求されます。部屋は何人入って、何泊して、料理はこのランク、連泊には毎日同じ料理にするわけにいかず料理内容変更。いろんな想定事項をシステムに画一化することは大変なロジックが必要です。それを当時300室以上管理していたわけです。実は「紙」で予約管理して、予約台帳のコピーを関係部署に渡すやり方が一番楽だったのです。そのシステム機器は「せっかくおカネをかけたのだから」とオフィスの隅に「飾って」ありました。当然毎月のシステム保守費用が掛かっているわけです。何も付加価値を生んでいないのにもかかわらず、もったいないと思い、そのままにされ、コストだけかかっている典型的な事例です。

私は、すぐにシステム開発会社とともにウィンドウズパソコンベースの予約システムを開発しました。その期間6か月、開発費はたったの700万円です。おそらく現在では当たり前のWindowsホテル・旅館予約パッケージソフトウェアですが、その当時はこの自社開発ソフトが最先端でした。

この予約システムを開発したことにより、単にかかったコストだけでなく、このホテルの再建が劇的に早まる結果となりました。

無駄がほとんどなくなりました。
従業員のコミュニケーションも抜群に良くなりました。
お客様へのサービスも格段に良くなりました。
それが数百万円のコストにより達成できたのです。

ところが、結果的に良くはなったのですが、このシステムを導入する際には、ホテル全社員を巻き込んで大変な騒ぎになりました。年齢も高く、パソコンなどもちろん触ったことがない、そんな人たちが約３００人、「紙」からデータへ移行するのですから、全社挙げて大騒ぎになりました。

私にむかって、「こんなもん使えるか！」と怒鳴り込んでくる人もいれば、プロジェクトにかかわる若手の数名に対するバッシングたるやかわいそうでした。今でいえば、モラハラ・パワハラです。この時ばかりは、「銀行の意向で」（もちろん銀行からそうしろと言われていたわけではありません）と、有無を言わさず2か月程度の移行期間をもって導入しました。

すると、皆さん危惧していたどころか、導入後1か月もすれば、「こんなに楽になった」「便利になったね」と、今までの抵抗はなんだったんだということです。

冗談のような話ですが、現実です。

経理に新しいシステムを導入してバージョンアップすれば、コストも押えられ、しかも効率化もよりスムーズにいくのに、「せっかく使えるものだから」と、古いままにして余分なコストをかけている会社がありました。入ってすぐにわかりました。もちろん、すぐにチェンジしました。

確かに、システムを変えると、当初は慣れないし、面倒です。ですが、極端にいえば、10分の1のコストで、10倍の能力を得られたりもするのです。

ずっと同じシステムを使うとメンテナンスが必要です。経費がかかる。一方で、世の中の技術はどんどん進んでいて、いちいちメンテナンスをするくらいなら、システムごと、まったく新しくする方がずっと安くおさまる確率はとても高いのです。

仮に、製造業の工場でも新しい商品を開発した際には、時には製造ラインも組み直さなくてはいけないこともあります、使用する機器も入れ替えなくてはいけないことも。

当然、せっかくもともとあるのだから、前からの機器も使って、同じ工場でなんとか生産を続けられないか、と模索するとします。それなら新たな工場を作らなくても済むし、コストは安く済むだろう、と。しかし、もし、経営体力のある会社なら、新しい工場を建ててしまった方が、結果コストも低くなり生産性も上がることもあります。

まさしく「退蔵コスト」のワナにハマっていることもありえます。「もったいない」精神も確かに大切かも知れませんが、企業においては、それを引っ張り過ぎると逆に、結果的にコスト高になる可能性があります。

また、「退蔵コスト」で無駄なおカネをつかっている会社に限って、「机に眠っている文房具を回収して、ボールペンは使い切るまで使う」みたいな、細かいところのコストカットにうるさかったりします。

従業員の士気を上げるためにも、こうした「せこい」コストカットは百害あって一利なしです。私も、会社再建に当たって、当然ある程度細かい経費にまでチェックは入れます。しかし、「節約精神」を強要するのはいいとしても、それ以上の、「売上を上げる」、「生産性を高める」等、もっと大切なことに目を向けなくてはいけません。木を見て森を見ずになってはいけないと思います。

第八条「改革は迅速に」
……手術はスピーディーにやらないと後遺症が残る

手術をすれば、何らかの後遺症が残るリスクは常にあります。かつてなら、盲腸の手術をすれば、必ずその手術跡は残りました。今は腹腔鏡手術が一般化して、より手術跡は小さくなったとはいえ、完全になくなったとはいえません。

お年寄りですと、手術によって健康が回復するメリットと、それで健康を損なうデメリットを勘案して、手術をするかどうかを決めるといわれています。ことに時間がかかるとそれだけ体の負担が重くなり、リスクの方が大きくなります。

手術において、スピードは大切です。

企業再生においてもその原理は同じです。

特にスピードを求められるのが「切除手術」。会社に限らず、ダメな組織を見て行くと、どこにも必ず、今のままの方がヌクヌクと利益を得られ、変化を望まない「既得権益者」がいます。

かつてあるホテルでは、そこの備品・食器類などの仕入れ一切を責任者、支配人に任せていました。その人にとっては、私がその管理に入り決裁権限をもつことになることで、彼（彼女）の権益は犯されてしまうわけです。今までは取引先との関係も、馴れ合いの「それなりの関係」があったと思います。しかし私がその決済の稟議に入ることにより、責任者の権益も削減されてしまうことはよくある話です。

また、ある旅館では、部屋食からバイキング形式の食事提供にチェンジしようとする際、その食材仕入れの責任者、料理長でしたが、かなり抵抗してきた経緯がありました。自分の権益がどうこうではなく、「旅館ならば、部屋にお持ちするのがおもてなしではないか」と、言ってくる。お客さんが本当にそのサービスを求めているか、かえって自分の好きな料理を選べるバイキングの方が喜ぶかもしれない、ということは抜きにして、昔ながらのやり方を変えるのをいやがるわけです。ルーティーンをこなしている方が楽ですし、それが同時に自分の利益にもつながのですから。

企業再建のためには早急に変えるしかありません。

現に会社は傾いていて、今のままでは死んで行ってしまうのですから。

ゆっくり話し合って、などと悠長なことも言っていられません。すばやく切除するしかない。再建のために入った場合にありがちですが、だいたい「既得権者」は従前の経営者などと手を組んで、変化しないようにしないように動き回ります。しかし、のんびりしていたら、その動きのおかげで、立ち直れるタイミングを失ってしまうかもしれません。

既得権者たちは、自分の利益と直接関係ない事柄でも、変化を嫌います。

新しい経理・基幹システムを導入した企業については、前でも少し触れましたが、私からしたら、なぜそこまで抵抗するのかわからないくらいの抵抗がありました。もともと、みんなデータを紙に書いて残していたわけです。それをパソコンでシステム化すれば、より効率的なのは誰がみてもわかる。仕事時間も短くなり、経費も削減できる。既得権者たちは、そんな当たり前の改革も嫌がります。

営業などは「何でカネかけて、こんなものを入れるのだ。昔ながらのやり方がよほど効率的だ」と反論してくる。実は、ただパソコンの知識が乏しくて、そのシステムを使いこなせなかったり、それよりも彼らにとって従来どおりのシステムが大切だったのは、経費精算が甘かったからです。新システムにしてしまうと経費精算がガラス張りになり、困る営業マンがいるようでした。

理性より感情なのです。会社をどう存続させるか、より、外から来た人間に勝手なマネさせるか、の縄張り意識。

エネルギーは一番使うとしても、こうした反抗勢力との対立は避けて通れません。

第九条「ハプニングに対応できる体力を」

……発作はいつやってくるかわからない。

ホテル・旅館数軒の再生を任されていた際、草津温泉の旅館では、ハプニングが次々と起こりました。オーナーが信頼し派遣していた支配人が、売上金を持ち逃げしてしまったり、大浴場でお亡くなりになる方が出たり。

当時、まずは支配人の横領、逃亡から始まりました。ある日の朝、旅館から連絡あり、「支配人が金庫のお金を持ち出して、連絡取れなくなりました」とのこと。私はすぐに、東京から草津温泉に向かいました。金庫にあるはずの数日分の売上金と、本来は銀行預金口座に入金してあるべき金額２００万円ほどを持ち出していなくなったようです。

実は、この以前に、あまりにも売掛金が多くなっていることをおかしいと思い、売掛金の精査を始めたところでした。本来温泉旅館で売掛金はクレジットカードの利用時か旅行会社の売掛金がほとんどです。しかし、売掛金を精査してみると、なぜか個人名の売掛金が多数存在していました。どうして個人の方が宿泊され、清算しないで帰られるのか不思議でした。支配人に問い合わせると、近隣の方の宴会で、後日清算とのことでした。しかし、その件数が明らかに多くなってきていましたので、これはおかしいと思っていたところでした。案の定、フロントで現金精算したのもかかわらず、売掛金に計上し、いただいた現金を横領していたのです。片腕となっている副支配人までもが不正に加担。当然警察へ通報しましたが、なかなか事態は進みません。私は、その後処理と、旅館のオペレーションのためその旅館に滞在していました。

事件がまた起こりました。私の滞在中、大浴場で入浴中に、お亡くなりになる方が出たのです。ご存じのとおり、草津温泉の源泉は硫黄分が強く、強酸性のお湯です。温泉旅館では注意書きなどで、「飲酒後の入浴はお控えください」などの注意書きを目にすることがあろうかと思います。特に草津温泉のような強い泉質の温泉は、体にかなり負担がかかります。

関西方面から旅行会社の募集団体（募集型企画団体）にご夫婦で参加されていたうちのご主人でした。奥様のお世話や警察の事情徴収やら、ましてご夫婦には身寄りの方がないとのことで、当地で葬儀を行いたいとのことでした。私からは「この地域の慣例に従って対応してあげてください」と従業員にお願いしました。そこで、私たちの従業員がすべて手配し、告別式にも奥様を支え、取り仕切ってくれました。

数日奥様にも滞在していただきましたが、もちろんその間の宿泊代、葬儀費用も含め、その他費用等は一切いただきませんでした。

何とも言い難い出来事でしたが、しばらくして奥様からは私たちの対応に感謝の気持ちをお手紙でいただきました。本来、ホテル、旅館の対応マニュアルでは、そこまでやらなくてもいいと思える対応です。

しかし、縁あってご宿泊され、終焉の時期を迎えられたご縁で、それに真心もって対応することが、人間として当たり前と思われたのでしょう。立派な従業員の方々でした。

その間のコストなんてどうでもいいことです。

横領された売上金、そちらの方がダメージですし、残された従業員に比べ、不正をしていた支配人・副支配人はなんと悲しい人たちなのかと思います。また、募集企画の旅行会社はそのまま行程をすすめられ、特に何もされていないようでしたが、それが普通なのかもしれません。

いつどこで突然、経営を揺るがすような事件が起きるとも限りません。

特に中小企業では、一つのハプニングで倒産する可能性は常にあります。工場の火事、食品会社での食中毒騒動、車の不具合などなど、どの業界でも、危険の要素はあります。


それればかりではありません。リーマン・ショックの影響で、一見、何の関わりもないように見える下町の町工場が倒産に追い込まれる事態が起こったりもしたのです。群馬県の中小企業でも、意味も分からず製造業のラインが止まり、従業員も自宅待機にせざるを得なかった企業もありました。


火事などのように、あるいは自分たちの不注意が招いたハプニングならともかく、リーマン・ショックなどとなると、ほとんど地震や台風と同じ自然災害に近い。守りようがないじゃないか、とも思われますが、そこであっさりギブアップしたら、経営を任せられた意味がありません。

水害に備えて堤防を築く、ではないですが、私が再建のためにいくような会社は、台風どころか、ちょっと強めの雨が降っただけで土砂崩れが起きそうなところばかりです。どう防ぐか、以上に、ハプニングが起きた時にどう対処するかを考えていかなくてはいけません。

ハラをくくって生き残りを模索しつつ、M&Aで売却するか、きっぱり閉めるか、最後の手段として、「見切る」のも選択肢としてアリなのかもしれません。

一番いけないのが、破綻がやがてくるのは目に見えているのに、未練がましくズルズルと引き伸ばして傷口を大きくしてしまうこと。倒産にも弁護士費用などのおカネが必要なのに、それすら調達できなくなってしまう。

そういう意味では、創業社長でもなく、社長一族でもない私のような立場はドライです。むしろ早く処置することにより、従業員の皆さんも不幸にならず、事業もより生きてくるものと考えます。

第十条「最大の問題は、社長、あなたかもしれない」
……緊急の移植が必要かも？

時によっては、社長自身が最大の切除分子だったりもします。

私がM&A買収のプロジェクトマネージャーとなった、あるIT系企業の社長は朝令暮改というか、コロコロと方針を変える一貫性のない社長でした。それでも時流に乗って会社は維持され、社長も「自分なら、やれる」と妙な自信を持っていたようです。

M&A後の経営も引き続き委託させていただいておりましたが、どうも業績が下降傾向になりました。買った途端に業績悪化です。

この会社ですが、M&A前までは売ろうとするために業績向上にまい進していたようです。少し背伸びしていたのでしょう。売ったオーナー社長に引き続き経営委任をお願いしたわけですが、やはり一定期間は私自身がその会社に入り込むべきでした。

このような背伸びをして業績を伸ばしているような経営状態は、買収前の調査、デューデリジェンス（ＤＤ）ではわからないことが多いです。どこまでが背伸びなのか、社長の資質はどうなのか、短時間でのインタビューや資料精査ではわかり得ないことがよくあります。

むしろ考えられるリスクを想定した上でＭ＆Ａを行うべきです。先方から提出された事業計画にストレスを掛け、計画数値を固めに想定することは当然ですが、それ以上に、実査のＤＤとして先方社内に入ったときの社内の雰囲気、従業員の顔色など、中小企業の買収の際にはそこに働く人達を見ることがとても重要です。

この案件については、ＩＴ技術者複数の面談を多くすべきでした。もし、より多くの技術者面談を行っていたら、事業進捗を無理しているのかどうか、面談でわかったのではないかと反省しております。特に中小企業では会社の雰囲気が業績に直結します。そのためにも社内の雰囲気、従業員の顔色、それが業績に現れやすいと思います。

このＩＴ企業の社長、何度も業績悪化の対応策を求めても、「今はこれが普通だ、もう少しすれば業績が上がるから見ていて」と、根拠のない言い訳。計画な事業計画が一向に出てこないのです。それ以上に営業と称して取引先と銀座で交遊、時にはゴルフと、流石にこれ以上経営を任せていたらどうにもならないと判断しました。

会社を守るには、社長自身の「切除手術」が不可欠ということ。社長に辞めていただくにも、前にも説明させていただきましたが、大変な労力を要します。「なんで辞めなくてはならないのか、約束が違う」このときにも怒鳴り合いです。約束とは、ストックオプション（新株予約権）付与の件ですが、業績が悪化しているのにストックオプションを付与するなんて考えられません。どうも自身のことばかりしか考えられない社長だったようです。とにかく出来る限り迅速に手術を行ったつもりです。社長には退陣していただきました。

その際、特に心配なのが社内のガバナンスです。創業社長がいなくなったら従業員の退職者も出るのではと危惧しました。良い退陣の仕方ではなかったためです。しかし、最初のうちは「社長がいないと不安」などという声もあったのですが、落ち着いてみたら、かえって思い付きで決断する社長がいなくなって働きやすくなった、と感じる向きが多くなっていました。

むしろ、従業員のほうが、社長をよく知っていて、私達がどうしてもこの人ではだめだと判断するということは、従業員はもっと前から同じように考えていたということのようです。特にこの会社はＩＴ技術者の集まりでしたので、社長の個性とは別のロイヤリティがあり、企業価値をそれ以上損ねることはありませんでした。

結局のところ、中小企業は社長次第なのです。

もしも経営者であるあなたがダメなら、従業員や取引先のために、誰かに事業承継するべきです。Ｍ＆Ａで売却してもいい。

社長のあなたがリタイアするのが、最大の再建策、ということはしばしばあるのです。いわば脳の移植にあたるのでしょうか。このような大手術を行うケースは、決して少なくありません。

第四章　再建ドクターは「地方」を再建する！

日本経済が、かつての勢いを取り戻すためには、地方都市の底上げが必要です。なかでも地方の核となる中小企業が元気になることが必要であると思っています。

地方銀行の危機感

低成長期に入っている日本の中でも、ことに「地方」の疲弊は目を覆うばかりです。かつての繁華街、駅前通りがシャッター通りになってしまった、などと盛んにテレビのニュースなどでも報じられました。近年は、報じられもしません。その状態が各地で当たり前になり過ぎてしまったからです。

地方においても、地域差が激しく、人口増加の地域もあれば減少の地域も多く存在します。まだ県庁所在地など中核都市の衰退はやや緩やかです。それ以外となると、もう人口流出と少子高齢化で、急激にやせ細っている。ここにもまた、一極集中化が起きているのです。

地方経済も、おのずから縮小していくしかないのでしょうか。

その傾向に比例している象徴的な業種が地方銀行です。私が30年前ほど前に就職する際は、「銀行員」は市区町村役場の職員と並んで、安定業種の双璧でした。

地方銀行へ就職する人は、その地域の小学校、中学・高校へ進学し、大学は都会に行っても就職は故郷にもどる、長男であるとか、どちらかというと地元に縁の深い人が地元の銀行に就職することが多いでしょう。まずは銀行に就職しさえすれば地方銀行の役職定年55歳まで一生安泰、と親も喜んだものです。

それがまさか不況業種と言われる業種になるとは、いったい誰が想像したでしょうか。


少子高齢化、産業も空洞化して、すっかりおカネという血液が回らなくなってしまった「地方」。その潤滑油として働いていた地銀も、どんどん空洞化していきます。それの追い打ちをかけるかのように長期に渡る低金利です。地方銀行の収益力はますます失われていきます。貸出は減少、かつ貸出金利の低下により業績は悪化です。

そのような地方銀行に象徴される地方経済の悪化、それが日本経済の下半身を弱らせ、健康は失われていくのかもしれません。

日本の繁栄を象徴した自動車産業にしても、地方の、中小企業が作り出す部品があってこそ成り立っていたのです。彼らと、おカネの流れを担当した地方銀行の結束があって、高度成長が生まれたのです。

地方の、中小企業と地方銀行の再生なくして、明るい日本の未来はありません。

事業承継

地方の経済環境と少子高齢化は、中小企業の経営にも大きな影響を与えています。

その地方の中小企業にとって、大きな課題は「事業承継」です。本当に深刻な状態になっています。

経営が行き詰っている会社ならともかく、そうでないところまで、後継ぎがいない。

かつてなら、親の事業を子供が継ぐ、もし子供がだめなら親戚、あるいは目をかけていた従業員に継がせる場合もありました。

まだ、経営が安定している、業績好調な会社なら喜んで引き受ける身内もいるでしょう。

それができない会社が急増しているのです。もはや衰退していくであろう地方の現状と、後継ぎを引き受ける人間がいなくなっている現状があります。とても、先細りの会社を背負い込むなんて出来ない、というわけです。

そのままにしておいたら、やがて今の社長がリタイアしたら、会社は閉じるしかない。ますます地方経済の勢いは縮んでいきます。その地域の経済に依存する地方銀行も、その存在価値が下がってしまいます。

やはり、なんとしても事業を継続してゆく方法を見いだささるを得ません。地縁・血縁で後継者が見当たらないとすれば、やはり他の誰かに期待するしかありません。そのために有効な防止策といったら、まずはM＆Aではないでしょうか。

70歳を超え後期高齢者になっても経営の第一線で頑張っている経営者の方、実際に多いと思います。もちろん高齢だからといって会社経営を行ってはならないということは全くありません。問題はいつか事業を承継していく時期がかならず来るということです。後継者さえいれば続けられるのに、誰もいないために廃業するしかない会社がたくさんあります。バトンタッチさえちゃんとやれば生き残れる中小企業はいくらでもあるのです。

ここ10年で、地方銀行も、またやはり地元企業が減っていくと困ってしまう地元の会計事務所も、中小企業のM&Aに必死に取り組むようになりました。「M&Aって胡散臭い」なんて言っていられなくなりました。

従業員のためを思えば、心ある経営者はなんとしても事業承継を図ろうとするでしょう。むしろM&Aを欲するのは、経営者を取り巻く取引先金融機関や会計事務所でなく、経営者本人ではないでしょうか。

相手は赤の他人でもいい。事業を買ってくれて、続けてくれるところを探すことはいい方法なのかもしれません。

しかも経営者のかたも、M&Aという言葉が定着してきて、昔と比べて抵抗がなくなっています。かつては、嫌がる相手を強引に吸収して自分の意のままにする、みたいなイメージだったのが、最近は「引き継いでもらえるなら」との要素が強くなっているのでしょう。

M&A　誰が会社を買いますか

新潟県の名産品を売る会社だから、新潟の企業が買いとるべきだ、でなくて、東京の企業が手を上げても、本気で取り組むなら外国企業だっていい。

サラリーマンでも起業したいと思う人はたくさんおります。

個人でもそのような起業家志向の方でも、M&Aで会社を買うことが、一から事業を立ち上げるよりも早期に起業できるのです。

ある地方で作っている和菓子に魅せられて、なんとかそれを残したい、と考え廃業寸前の和菓子メーカーを買う、そのような話がどんどん出てくればいいのです。

テーマは「継続」なのです。そのためには、今までの常識や慣習を取り払って、既成概念を取り払うことが必要です。

もちろん、承継すべき技術もなく、経営状態も悪い会社もたくさんあります。そんな会社にしても、しっかり「終活」をしてあげれば、新たなイノベーションが生まれるかもしれないのです。

先程の和菓子など、古くから地域の人たちに親しまれていた地元の商品などが典型ですが、会社としての財務内容は劣っていても商品力がある、そのような会社であれば、商品を活かす方法が必ずあるはずです。

実は、とても優秀な従業員がいるにも関わらず、独断専行のワンマン社長のおかげで、埋もれているような会社もあるかもしれません。意外とあります。M＆Aも人材の獲得を目的に行うこともあるのです。

たとえ財務が悪くても、業績が悪くても、今までと違った視点から眺めていけば、発見は出てくるものです。

地域の伝統を将来へ引き継ぐ

たとえ地域の伝統を引き継いだとしても、時代は常に変化しています。そのために、今の時代にあった企業経営が必要です。

たとえば家屋でも古民家と呼ばれる100年以上たった古い家にしても、リノベーションすれば古民家の風情を残しながら、現代仕様の設備を付加し見事な家屋に生まれ変わります。古民家には、松やヒノキ、大黒柱には欅に桜など、立派な柱や梁が存分に使われている、その構造を基本としてオール電化にするのもいい、床暖房を入れるのもいい、次の世代に通じるリノベーションを施してあげれば、今後数十年と生かされていくものです。

企業も同じではないでしょうか。

なぜ日本の古き良きところをもっと大事にしないのか？

私が酒造会社や各地の旅館やリゾートホテルの経営を通してずっと意識していたのがそこです。「守るべき日本の文化」があり、それは特に地方に残っているものです。おいしい日本酒やホスピタリティがまさしくそれです。

地方を回る外国人観光客も増えています。また居住する人も出てきています。彼らにとって「魅力的な地方」にするのは、「ＴＯＫＹＯ」と同じにすることではありません。

その土地の持っている個性をなくして、東京もどきの画一的な街を目指していたら地方は死んでいきます。

私が栃木や群馬、静岡などの旅館再建に入った際も、「首都圏に近い、自然環境豊かな温泉」という最大の特徴をどう有効に生かし、独特な日本文化を味わってもらえるかに留意しました。

まず、興味を持っていただける。来ていただける、そんな地域の素材をいかに伝えるかということです。

栃木県ではイチゴの生産が盛んです。鬼怒川温泉でもその名産品のイチゴを使ったデザートを提唱した宿泊プラン。

群馬県では高原野菜が盛んです。草津温泉ではその野菜をふんだんに使ったサラダや野菜料理の提供。

その土地々々の自慢できる商材、そこにしかない物やサービスをアピールすることが必要です。

もちろん、昔ながらのいいものを残すためには、ただ古いものを何も変えずに守り続けるわけではありません。私が、新潟の酒造会社で「吟醸辛口」だけでなく、甘口の酒も導入したように、時代に合わせた新商品やリニューアルが欠かせないのです。

企業として存続させるためには、利益もあげなくてはいけないし、税金もちゃんと納めなくてはいけない。古いものと新しいものをどう融合させるかが課題です。

ＩＴだＡＩだ、と言われる現代でも、最後は人と人との直接な触れ合いです。

音楽でも、レコードがＣＤにかわり、それが音楽ダウンロードと変わろうと、結局ライブは変わりません。

旅館業にしても、やっぱりナマの「おもてなし」なのです。

地方の中小企業だからこそ持っている「古くて新しいもの」をもっと大事にしないといけません。

地方のM&A　私達の役割

前にも語ったように、「再建ドクター」の仕事はM＆Aが成立した後に始まります。売却、買収はいわば単なる契約であり、そこからが始まりなのです。

会社に残された人はどうするか？
買った側はどう生かしていくか？

M＆A後から始まるPMIこそが私たちの職務です。

事業継承というリレーの中で、私たちは、前の走者からバトンを受けて、短い距離だけを走って次に手渡す中継ぎ役です。その短い中で、どう今まであるものを引き継ぎ、新たな付加価値をつけて会社の価値を上げていくかにチャレンジしなくてはいけません。

グローバル環境

もはやそこでは、単に日本国内だけを見るのではなく、より広いグローバルな視野を持たなくてはいけません。

前出のＩＴエンジニアの派遣会社も海外からＩＴ人材を招聘し、日本の企業で働いてもらっていました。

特に東南アジアの若者などは、大変優秀でアグレッシブな人たちです。その方々に日本人と協同して働いてもらいました。ただ残念ながら外国人だからといって、派遣の時給単価が低くならざるを得ないということがありました。日本の社会、地方の会社でもそのような優秀な人材をうまく活用できるように、人材の融合を図ることはとても重要です。地方の中小企業であっても、そのような優秀な海外人材を自社の戦力に取り込む時代だと思います。

また、優秀な人材と情報に接するには、なにも大企業のように大都会に立派なオフィスを構える必要はありません。取引先との関係から都内に小さなスペースは必要でも、今はネットの時代、ＩＴを十二分に活用して業務は地方でもいくらでもできます。本社はどこだっていいし、会社の規模なんか、さほど問われないのです。

海外でも勝負できる技術や商品さえあれば、地方の中小企業だって、いくらでもやっていける。それを発見、発掘するとともに、もとからある「宝」を磨いて、海外にも通用するように変えるのも私達の役割です。

確かに「ＴＯＫＹＯ」は日本の首都として知られていますし、ファイナンス的には優位です。でも、逆に、海外からみたら、東京の企業だから優れていて、地方の企業は遅れてる、なんて偏見でしょう。おそらく外国の人たちにとっては、等しく「日本の会社」なのです。

つまり、地方の中小企業でも、大企業と対等の勝負が出来る海外進出に目を向けることも可能だということです。

その会社に、海外で通用する技術や商品があるか、あるとしたら、どんな国に需要があるかなどを常にチェックしておくことが必要です。

なんでも海外がいいわけではない

とはいえ、なんでもかんでも海外進出すればいいということではありません。

酒造会社でも、私は果たして日本酒が海外で通用するかは、ずっと気にしてきました。政府も自ら日本酒の海外輸出を積極的に後押ししており、日本酒輸出量は日本全体でも230億円前後です。急激に伸びておりますが、まだまだ金額的には決して大きな額ではありません。

日本通が増えて日本酒愛好者が増えているヨーロッパ諸国でも、現地で日本酒を置いているのは日本食レストランや寿司屋です。私のいた新潟の酒蔵は、オランダ向けに年間1千万円程度の輸出実績がありました。総売上高からしたら、上位の取引先になります。そのため輸出先の現地調査を含め、当地の現状を視察してきました。

輸出先はオランダのワイン輸入商社でした。世界各地のワインを輸入しているのですが、醸造酒の一分野として日本から4社の日本酒もあつかっておりました。地方の酒蔵は当社と他1社、その他2社は製造大手先です。

私がバイヤーに、当社の商品がどこに陳列されているか見学したいと申し入れたら、おそらくアムステルダム市内の大手スーパーにあるかもしれないとのことでした。バイヤーと面談後にそのスーパー数店舗へ訪問したのですが、当社の日本酒どころか、日本酒自体を置いてありません。日本メーカー数社のビールは陳列されていました。一店舗で、唯一大手の清酒１８０mlビンが一種類あっただけです。スーパー以外の小売店数件にも、どこもやはり日本酒はおいてありません。やはり、日本食レストランには数種類は必ず用意されているのですが、小売店には見当たりません。

このことは、日本でも、テキーラが飲みたいと言っても、南米料理店にはあっても、近所の酒販店で売っていないのと同じことです。

この輸出ですが、大変手間がかかります。

ラベル表示も相手国の表示に合わせないといけません。また、オランダではアルコール度数の制限も日本とは違い、アルコール度数14度以下でないとスーパーには卸せません。

すなわち、輸入国のレギュレーションに合わせた製品に仕立て上げて初めて輸出できることになります。このことから、中小の酒蔵としては、そのために製品を用意しなくてはならず、大変な手間になります。

そこで、海外の輸出が増えてはいるものの、酒蔵再建を図ることを早急に行うためには、まずは日本国内での販売量を確保するほうが、効率的と考えました。

たまたま、オランダ向け輸出を行っているため、この取引高を増やすことは簡単です。しかし、これから新たに海外の販路を開拓することは、至難の技であり、それよりも国内の取引先を増やすほうが容易です。

どちらを優先するかとすれば、これはまず日本で地固めした上でなくてはだめだ、と判断して、国内販売に力点を絞るようにいたしました。

ところが、先に説明した、若者向け商品、甘く酸味の強い純米酒「かれん　純米甘口女子限定」ですが、アメリカで売らせてほしいと商社から注文が入りました。もちろん

アムステルダムのワイン輸入商社本社　ここで世界中のワインを輸入しています

担当バイヤーと記念写真　皆さんの背の高さに驚きです

アメリカでの販売実績はありますので、そのルートで新商品を出荷することになりました。この点は、こちらからセールスしたわけでないので大変ありがたい取引になったわけですが、やがては日本酒業界も、外国人の嗜好に合わせたグローバルな日本酒を作ることも必要だとも思いました。

日本の若者が好む商品は、外国人の嗜好にも合うのかもしれません。むしろ日本の若者が欧米化しているために、日本の若者に好まれれば、外国人にも好まれるのかもしれません。

会社オーナーの認識

極端な話、私を含めて中小企業再建、つまり「再建ドクター」の仕事を何年かやっているような人間は、一日、その会社にいるだけでも、実態がほぼわかります。空気で感じるのです。従業員の士気が高いか、社長は従業員と信頼関係で結ばれているか、新しいアイデアを生かす柔軟な土壌があるか……。

その上で、数字を見ていけば、だいたいの処方箋は書けるものです。

ことに地方の中小企業は、古い伝統があって代々創業者一族が経営していたようなところか、ワンマン社長が作って一代で成り上がったようなところが多い。だから、社長さんとお話しているだけでも、その会社の性質がほぼわかります。

終戦直後の混乱期に伸びて行った会社の創業社長は、ほぼ亡くなってしまっております。次の、高度成長期を駆け抜けた創業社長さんたちは、団塊の世代くらいの人たちが多くて、まさに今、引退時期を迎えています。

つまり転換期。

大変失礼ながら、厳しい競争社会を勝ち抜いてきただけに、異常に自信がある方も多数いらっしゃいます。自分のやってきた方法が絶対的に正しいと信じて、決して他人の声に耳を傾けない人も少なくないのではと感じます。

日本酒でいえば「淡麗辛口でなきゃ」と固執するような方々でしょうか。

その人たちの事業を受け継ぎながら、新しい風を入れつつ、次の人に手渡さなくてはいけない、これがこれからの事業承継ではなかろうかと思います。

お叱りになれられることを承知の上で申し上げます。ぜひ、社長、オーナーの方には、柔軟な発想を持っていただく、広い視野を持っていただきたいと思います。そうすることにより、事業承継の成功確率は高まるものと確信いたします。

地域金融機関の役割

どうも地銀など地域金融機関は、Ｍ＆Ａの仲介業務については意識があっても、その後のＰＭＩについては、あまり意識がないように感じます。

すでに銀行業務で、貸し出しでは儲からなくなっています。１億貸しても年間利息１００万という低金利が恒常化しております。

一方でＭ＆Ａの仲介をすれば手数料は４～５％はとれる。だからこそ、そちらに力が入るのは当然です。しかも、地域の顧客である中小企業を残さなくては、未来はないのですから。

ところが、なぜかＭ＆Ａのあとの事業統合・経営統合、事業の安定化推進などのＰＭＩ業務、企業再生業務はそれほど手掛けていないのです。

この本のテーマでもありますが、本来はＭ＆Ａで買収した後の事業統合や、事業の安定化が重要でもあるのにも関わらず、その点は銀行でもなかなか関与しづらいのかもしれません。

確かに、買収した先がその地方銀行の支店のある地域の会社であれば、引き続き貸出取引を通じて、被買収先会社の経営状況や統合状況をモリタリングできるかもしれません。その買収先の会社が支店の存在しない地域の会社であれば、地域金融機関としては取引継続が難しいこともありえます。

また、銀行は融資先の経営までは入っていけないのが現状であるとすれば、M＆A後のＰＭＩ業務については、むしろ他人にまかせるしかないのかと思います。

まずは、既存取引先の事業継続が図られたということで、地域金融機関としてのM＆A業務は成功ということなのかもしれません。

結局、買収する企業の数字だけ見て、それで売り手と買い手の間で、キャッチボールさせているだけのようにみえてしまいます。

ちょうど今の医師の多くが、パソコンに並んだ数字だけ見て、ろくに本人の体に触れもせずに診察をすませてしまうようなことを想像してしまいます。

以前、地方のホテル買収に関わった時の経験ですが、数字だけみると、とても優秀に見えるホテルがありました。

売上、稼働率も上々で、譲渡価額もそれなりの高い値段です。

その理由は、設備の新しさと立地が、そこそこ良かったから、だけでした。よくよく見ていると、従業員の定着率が極めて悪い、マネジメントが全くできていなかったのです。私からしたら、スタッフの動き、話しぶり、その他現地で少し過ごされせてもらえれば、状況は多少なりともわかります。でも、M&Aアドバイザーは経営をしているわけでなく、主として仲介業者です。ここまでは把握していないようでした。

ホテルは新築であればあるほど、お客さんは来ます。ですが、マネジメントの努力を怠っていたら、すぐに減少していきます。日頃から、どうすればお客さんに満足していただけるかを考えて従業員や設備に目配りし、イベントの企画も立てて行ったりしなくてはいけません。ましてやホテルのオペレーションは従業員次第でもあります。私が日々その現場にいてマネジメントできるなら良かったのですが、他人が運営するとなれば、私からは強くおすすめしませんでした。

このように大抵のM&A案件情報は、財務・経理のデータだけでその会社を評価してしまうことが普通です。より詳しく知りたければ、買収しますという意向表明をし、「買収基本合意」と言われる合意書の締結後、実地精査を含んだ詳しいデューデリジェンス（精査）を行って調べてくれと言われます。ここまで来ると時間と費用をかけてしまいます。そこまで行かなくても、最初の段階で見極められることはとても重要です。

設備が新しく、立地が良いからと言って、高い価額で買ってみたら、中身が空っぽだった、なんてこと、よくあることです。

私は、地銀など地域金融機関にもっと「地域のフィナンシャル・プランナー」のような立場を強めて、単なる手数料稼ぎではない、会社の中に入り込む「再建ドクター」的な仕事をしてもらうべき、と考えています。

銀行法例上、できることは限界があろうかと思います。しかし、単にM&Aアドバイザーに出向してM&A取引実務を習得するだけでなく、私自身が20年前に山奥の温泉旅館に放り込まれたように「出向」という形でぜひ若い人に取引先へ武者修行に出てほしいと思います。そのような経験を積んでいけば、M&A業務の幅が広がるのは間違いありません。そんなことする人材がいない（銀行の人手不足だから）と言い訳しないでほしいと思います。そのために店舗を効率化してもいいくらいでしょう。

地方銀行などは、その地域や企業の特性はどこよりもわかり、人間関係も濃密で、地域の経済が萎めば自分たちも萎んでいく運命共同体的な要素もありあます。

ぜひとも地域金融機関には、より取引先に入り込み、事業承継を円滑に推進しるためにも取引先のマネジメントに関与していくレベルの支援をしていただきたいと思います。

ともに地方経済を盛り上げるために、地方の中小企業を立て直す「再建ドクター」は、もっともっとたくさん生まれてほしいと思います。でなくては、本当に日本経済はガラガラと崩れて、私たちがずっと享受してきた豊かさも、二度と手が届かなくなってしまいます。

第五章　20年後の日本のために……

日本が再び成長を取り戻すためには、地方の再生が必要であり、なかでも地方の中小企業が勢いを増すことが必要です。

ところが、昨今社会環境の変化も、日本国内だけで考えていればいいというわけではなくなっております。

市場経済はグローバル経済圏に組み込まれており、日本国内だけ見ていればいいという時代では全くありません。たとえそれが、地方の中小企業であるとしても同じです。

リーマン・ショック時に群馬県の中小企業の生産ラインが、即ストップしたことを書きました。それも言ってみれば米国の住宅ローンという「金融」の問題が、なぜ日本の地方、製造業の中小企業に重大な影響を与えるのでしょうか。従業員も、「わけが分からず明日から自宅待機」と、いわれたとのことです。

これは日本の中小企業であっても、世界情勢の仕組みの中に組み込まれているのを理解することが必要であるということです。

製造業であれば、二次請けの中小企業が、一次下請けの企業のいうことだけを聞いている、また、その一次請けの会社は元請け企業、その元請け企業は依頼主のいうことを聞いていればいい、という環境ではなくなっています。

また、世界では様々なイノベーションが現れています。

そのため、もちろん地方だけではなく、日本だけのみならず、より海外情勢についても広い視野で見ることが必要です。その大きな流れの中で、たとえ地方の中小企業であっても「我が社」をグローバル環境の中で明確に位置づけすることが必要なのです。

特に日本固有の課題対策も必要です。最大の問題点は少子高齢化であり、人材不足であると思っております。

それとともにグローバル経済の発達、アジア諸国の勃興です。

否が応でもその流れの中で、戦略を考え成長を持続させていかなくてはならないのです。

日本の危機　少子高齢化の懸念

とにかく、今の日本の最大の問題点は少子高齢化、総人口も年間50万人以上が減少している少子化・人口減が加速しています。

高度成長期、日本はインフレと物価高の嵐に見舞われ続けました。庶民は「こんなに物価が上がっては、とても生活はできない」と不満を言い続けましたが、本当に生活が出来なくなってしまう世帯はほとんどありませんでした。

なぜなら、インフレによって価値が価値を生んでいったからです。経済が成長すれば、新しいサービスや商品がどんどん必要になっていく。車も電気製品も次々と買って、ときには贅沢な食事をして、海外旅行にも行ってとなれば、そこに従事する人たちも必要になってくるし、いわばイノベーションが次から次へと起きている状態なのです。

若者も多く、それに見合うだけの労働力もたっぷりあった。どれだけ物価高になっても、十分にやっていけたのです。


今、そうした条件は根本的に崩れています。

新しい製品やサービスを作っても、日本には買う人がいない。国内消費が落ちればデフレになるのは当然で、経済を回す「血液」ともいえるおカネがスムーズに動いていない。

しかし、お金がないわけではない。日本全体の総預貯金は1500兆円ともいわれています。

ないわけじゃない。流れていないのです。

働くべき若い層の人たちの数が減っておカネがなく、中高年の人たちは老後の生活を心配して、おカネをつかわない。おカネをつかう人がいなくなったら、デフレから脱却するのは難しく、日本経済は少子高齢化によって「金縛り」になっているのが現状です。

どうしたらいいのでしょうか？

欧米でいえば、フランスは徹底した「子育て支援」でおカネを援助し、出生率をあげていったといわれます。ただし、その分、国民の社会保障費の負担は日本に比べて圧倒的に多いです。

たくさんの国民が、「少子化対策に予算を使うのは仕方ない」と合意したからこそ、大胆な支援策を実行できたのです。

日本で同じことができるのでしょうか？

また、欧米の人口増が、海外からの移民によっても支えられているのは、よく知られています。彼らが沢山の子供をつくり、それが出生率を引き上げていることも。

日本で同じことができるのでしょうか?

ラグビーのワールドカップ日本代表でも見られたような、多様な人達が一つにまとまって日本のために働く、といった環境を、果たして10年後、20年後の日本が作れるのでしょうか、それはよくわかりません。

ただ、そのような環境を作らなくては、未来はなく、絶対的な労働者数減少は防げないのです。

喫緊の課題として、新たなイノベーションを起こすのは必須でしょう。新しい産業やサービスを起こさなければ、雇用の創設もできないし、経済の成長はあり得ないでしょう。

すでに製造業の多くは人件費の高い日本を脱出して海外での生産が主流となっています。

今さら日本に戻すのは無理、と諦めてしまっている人たちも少なくないかもしれません。

東南アジアに行けば、実感として感じられます。

ＡＳＥＡＮ諸国の爆発力

クロスボーダーM&Ａ（海外企業とのM&Ａ）のために、中国の他、インドネシア、フィリピンはじめ東南アジアＡＳＥＡＮ諸国に頻繁に通っていた時期がありました。

インドネシアでは経済の安定と人口増加（人口２・５億人）、やはり経済成長率約７％を維持しているフィリピン（人口1億人）、両国ともに、行って圧倒されるのは、まず国民の若さです。平均年齢は20代でしょう。都会には溢れる位に若者たちがいます（ちなみに日本の総人口は２０１９年12月1日現在の概算値で1億２６１５万人とのことです）。

すでに富裕層が激増した中国と比べても、両国の所得は未だに低い状況です。仕事が無くて、町でブラブラしているような若者、学校へ通っていない、道路でものを売る子どもたちが、とにかく多いのも事実です。

しかし、若者はスマートフォンを持ち、バイクを持ち、はたまた自動車も所有している若者も多いのも現実です。特に驚くのは、スマートフォン比率でしょう。ジャカルタ市内、マニラ市内の若者は、全てと言っていいくらいスマートフォンを持っています。圧倒的な人口を有する若い人達がネット利用にこなれています。あと数年もすれば彼らは30代、40代、経済成長とともに所得も伸びていきます。ネット利用が当たり前の環境、これらを総合すると、ＩＴの利用度、活用度は、世界を席巻するほどになるのではと想像します。

一例をあげるなら、インドネシアの配車アプリ「ＧＯ－ＪＥＫ」です。ジャカルタは、経済発展と急速な人口増加のため、インフラ整備が全く追いつかず、凄まじい道路渋滞を巻き起こしています。基本の移動手段は自動車とものすごい数のバイクです。

公共交通網としてはバス路線が一部ありましたが、２０１９年4月に日本の支援でジャカルタ都市高速鉄道（通称ＭＲＴ）が開業しました。しかし、依然として市民の移動手段の中心は、いわゆるバイクタクシーです。

バイクの後部座席へ乗車し、乗車地から目的地にバイクの後部座席に乗って移動しま

インドネシア・市内の交通渋滞

す。

このような配車アプリは、自動車ではアメリカの「ｕｂｅｒ」、シンガポールの「Ｇｒａｂ」がありますが、インドネシアではバイクの配車アプリとして「ＧＯ－ＪＥＫ」が発達しました。もちろん、バイクだけでなくタクシー配車もし、「ｕｂｅｒ」「Ｇｒａｂ」と同様に他のサービスへの展開を図り、料理や書類も運ぶし、買い物の代行もしてくれる。また、銀行を通さないおカネのやりとりまでしてくれるなど、生活になくてはならないプラットフォームになっています。

タクシーの配車でも、ようやく配車アプリが普及してきた日本よりも、数段進んでいます。

そして、今や「ＧＯ－ＪＥＫ」は巨大企業になり、社会インフラ化し、周辺国にも進出していく勢いです。このダイナミックさは、日本ではまったく味わえない劇的な勢いです。

意識しているかどうかは別として、彼らはそうしてごく自然にイノベーションを起こしてしまっている。年間の経済成長率も６～７％以上は維持しています。

インドネシア　市内・バイクタクシー

スマホの普及などは、中国も含めて、アジア諸国は日本よりもさらに上を行っていると思わざるを得ません。しかもあらゆる意味で「自由」かもしれません。

日本人は、日本こそが自由で、たとえば中国あたりは政府にすべてが厳しく規制されて、とても生きづらい場所であるかのように考えているかもしれません。しかし、中国のＩＴ環境はかなり先進国です。中国では流しのタクシーを捕まえるのに苦労します。タクシーはアプリで呼んで、商店街の買い物もすべてがスマホ決済です。中国の銀行口座を持たない私にとってスマホ決済のWeChatPayに入金するだけで大変苦労しました。確かにグーグルなどの情報が入らなかったり、情報管理は厳しいのでしょうが、ＩＴ活用はかなり進んでいます。監視社会といいますが、監視カメラの技術は最先端です。

また先程の配車アプリ、タクシーの話になりますが、中国を含めたアジアは、いわゆる「白タク」をスマホのアプリで呼んでも簡単に来てくれる。運転は、だいたい一般人です。プロのタクシー運転手より、かえって安全で明朗会計です。インドネシアやフィリピンのタクシードライバーの質が悪く、私もかなりの金額の請求をされたことがあります。そのことを考えると、好きなところに迎えに来てくれ、目的地までの料金が確定してから乗車する配車アプリのほうが断然安心なのです。また、運転手も乗客が運転手を評価します。もし評価が悪ければ、稼働が落ちるリスクがありますので、ちゃんとしたサービスを提供しようとするインセンティブが働きます。また運転手も乗客を評価しますので、この相互評価がこれら配車アプリの価値を高めています。

日本ではこうはいきません。「白タク」は違法行為です。日本のタクシーは、責任を持って、お客様を安全、確実、迅速に目的地まで乗車させ、運賃・料金をいただくのです。「白タク」には法令上の責任と義務はありません。「ｕｂｅｒ」、「Ｇｒａｂ」、「ＧＯ－ＪＥＫ」は運転手と乗客をマッチングさせるためのアプリで、乗車については個人の責任・リス

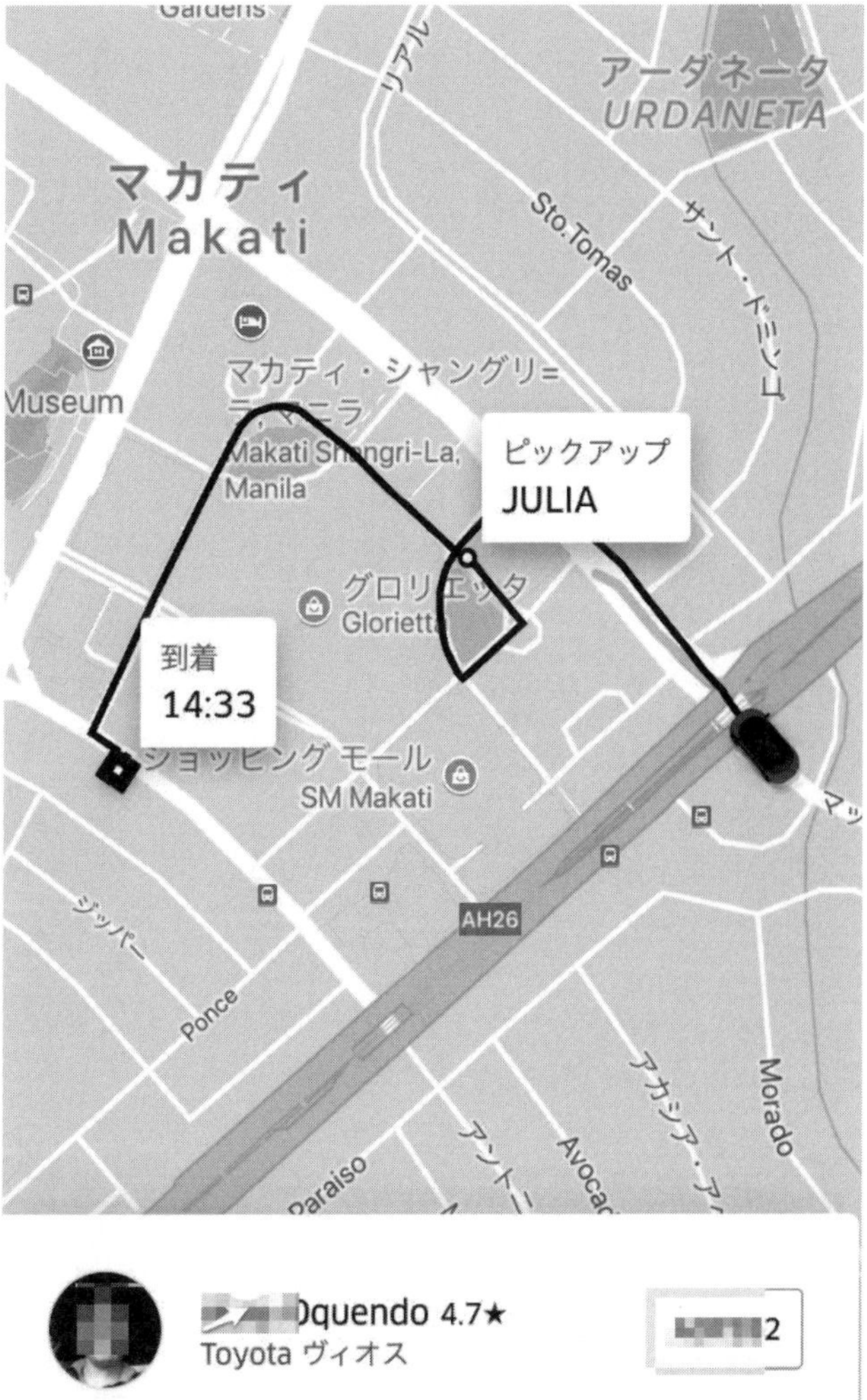

マニラ市内　ｕｂｅｒにてライドシェア　スマホ画面

クです。

そのような配車アプリが広まった背景には、その国の事情が大いに関係します。安全で規律性の高い国である日本では、そこまで広まらないこともわかるような気がします。

社会資本主義の中国

もしかしたら、日本よりも中国の方がずっと社会の柔軟性があるかもしれません。

まず日本は、どんな場合でも均等を求める。ちょっと変わった個性を持っている人は組織から排除され、同じような人間を作る傾向が強いようでした。もしかしたら、社会主義国・中国よりよほど社会主義的ではないかと思えるほどです。どなたかが「日本は世界で一番成功した社会主義国」とおっしゃっていましたが、その通り。出来るだけ平等に貧富の差の少ない社会を築き上げてきました。

最近は、「格差社会」と云われて、その貧富の差が大きくなったことが問題にされていますが、中国やアジア諸国を見たら、金持ちの住む大豪邸は桁違いですし、貧しい人たちの住むスラムはとてもひどい環境です。中国なんて、どこが社会主義国かと思えるくらいです。

日本に比べ、中国はどこにも監視カメラをつける「監視社会」とされています。その発展形として、レストランなどでは、オーナーが店員の働きぶりをチェックするだけでなく、「ほら、お客も多く、儲かっています」と投資家に見せて、M&Aでの売却や資金調達を行っていたりします、

「カネ」に対する執着、さらに弱肉強食ぶりでは、中国の方が日本よりずっと徹底しています。均等に富を配分するなんて発想はないのかと思えます。うまくいった人はどんどんカネを儲け、ダメならビンボーになる。資本主義の極致です。そのことがいいかどうかは別問題ですが、それほどアグレッシブだということです。

日本人はなかなかそこまでできないかもしれません。

中国国内での事業リスク

以前、上海で、日本人の友人と中国人の友人と3人で会社を起こしました。その会社の事業の一つとして、上海市内中山公園駅の地下街で中国式火鍋店を開業しました。

ところが、半年程度で店を閉めてしまいました。テナントオーナーと交渉がうまく行かなかったようです。現地の中国人の友人が総経理として事業を中心に進めていたのですが、その人は上海出身ではなく蘇州出身者であったことが影響していたのかもしれません。同じ中国人であっても中国でビジネスを行うことの難しさをたっぷりと味わいました。

また日本のある会社が中国でマンション開発を行うに際し、その開発地域の国有企業との合弁事業をやった事例がありました。

マンション開発プロジェクトは成功したのですが、投資資金の回収が問題となりました。

たとえ国有企業との強いコネクションがっても、日本から持っていったお金の回収なんて面倒見てくれません。この会社は直接投資で中国に数十億円の投資資金を送金しました。ところが、資金が入ってくるのはウェルカムですが、中国から出すときには大変困難です。

そこで、香港現地法人を活用し、2年がかりで中国から50億円の資金回収スキームを実行しました。

スキームの一環として、香港現地法人に、中国国内現地法人を子会社として資本再編しました。

その理由は、資金回収した際の税制メリットと中国からのエクジットを見据えてのことです。中国から早急に撤退する必要がある際には、中国国内企業のM&Aはほとんど不可能と思われます。しかし、香港の会社であれば中国以外に広く投資家にアプローチでき、M&Aで売却可能性が高まるからです。

今は民主化の運動が活発化しておりますが、まだまだ香港は非常に便利な地域です。この案件、中国地方政府や中国人民銀行との交渉は困難を極めました。

しかし、一番大変だったのは、中国国内の実務手続きを邦銀国内支店へ説明し、理解を得ることでした。

中国現法の従業員や役所担当者が「大丈夫です、精算手続きできます」と言っても、何を根拠にそうできるのか明確な指標がないのです。はたまた、大丈夫と言っていた手続きが一向に進まず、「やっぱりこうします」と手続きの変更が多々あります。

そのたびに、そのことを日本の金融機関に説明しても、納得してもらうことは一苦労でした。
一度説明したことから中国側の状況が徐々に変化し、その都度日本の金融機関に説明しても、理解されないことがよくありました。あるときは金融機関の担当者から嘘つき呼ばわりです。

しかし、邦銀の中国現地支店、香港支店にも協力していただき連携、弁護士事務所も日本はもちろん、香港、上海の事務所と連携し、なんとか香港現地法人が50億円の資金調達できました。なお、その借入金の返済原資は、中国国内法人の配当金と会社清算時残余財産でした。

このような中国とのクロスボーダー資本再編、資金調達、および資金回収は、上場企業でも困難であると思われますが、それを地方の会社が行ったのは日本で始めての事例ではなかろうかと思います。

インバウンドの激増

宿泊業界もホテルも、大きな動きが出てきました。最大の特徴はやはりインバウンドの増加です。２０００年４７５万人、２０１０年８６１万人人、２０１８年３１１９万人（日本政府観光局（ＪＮＴＯ）発表統計）と驚くほどの増加です。これほどのペースで訪日外国人数が増加するとは思いもよりませんでした。

いまや高度成長期以来のホテルブームです。２０１０年頃には誰もホテルに投資しようなどと考えず、ビジネスホテルや都市型ホテルの再生案件など、３億円程度の価格で出回っていたＭ＆Ａ売り案件も、その数年後には10億円超となっていたり、その後の状況が一変しました。まさにバブルとしか思えません。

首都圏や近畿圏の観光地では新規開発ホテルラッシュが続いています。それらの地域では高稼働を保てているでしょう。

インバウンドのリスク

しかし、インバウンドの恩恵を受けていない地方のリゾートホテル・旅館では、よほどの有名地観光地でない限り、集客に苦労している所も多いはずです。とにかく、インバウンドでも、日本人でも、

「どこから、どうやって」

「どこから、誰を連れてくる」

この事を考えて、集客を図ることが大切です

ただし、一番注意しなくてはならないのは、訪日外国人のカントリー・リスクです。

私も過去に、アジア諸国からのお客様のキャンセルに泣かされたことがあります。訪日客個人の理由によらない、相手国と日本との外交関係や、気候変動、健康問題においてその国の訪日客数が左右されることです。

最近では日韓関係の悪化により、韓国人観光客が減少しました。過去には中国との関

係においては、反日感情の高まりから中国人観光客の減少もありましたし、近くは新型肺炎によるインバウンドの減少もありました。来日比率の高い香港からの観光客も減少する可能性があります。

このため、今はインバウンドの影響で高稼働しているのであれば、万一のリスクを回避すべく、準備をする必要があります。つまりは、そのようなインバウンドの影響に左右されないコアなお客様を一定比率集客できるような戦略が必要と思われます。

宿泊形態の進化

また、ホテル・旅館の施設以外に、新たな宿泊施設として、「民泊」分野が比率を高めています。これも外国人観光客の増加の影響ですが、宿泊施設が足らない理由もありますが、外国人観光客の旅行形態の変化も民泊が増加している要因とも思えます。

外国人観光客、特にアジアからのお客様は、大人数で一箇所に長く滞在する傾向があるようです。通常のホテルでの宿泊では同一部屋での大人数での対応が難しく、宿泊代金も高額になります。また日本文化への体験を求めていることもあり民泊需要が高まっています。

それも、民泊専門予約サイト「Airbnb」というプラットフォームができたことが、民泊増加の要因です。

ただ、日本人の感覚としたら、まだまだ民泊を利用することに抵抗があるのも確かです。街中にある部屋に、大人数で宿泊するという習慣はまだあまりありません。

それに、旅館やホテルなど、いわば「既成勢力」の人たちにとっては、既得権が侵されてしまうという意味でも、あまりにもこうしたスタイルが普及するのは好ましくないと考えるのが当然かもしれません。

せっかくインバウンド効果によって明るい兆しがあっても、規制の多さがブレーキになりかねないのですが、日本国内での民泊も、２０１８年には営業日数を制限した民泊新法が制定され、民泊新法なり旅館業法の法令の範囲内で正々堂々と競争できる環境が整ったとも言えます。

雇用問題

「ひきこもり」や「ニート」の問題も、これは彼ら自身の問題である前に、社会のシステムによって生み出されている気がしてなりません。

ずっと日本は、「同じような人たちを同じような会社が選ぶ」形で就職先が決められてきました。一部の、型にはまらない若者たちのような例外はあるにせよ、だいたいは「新卒」で大量に「型におさまる」社員を採用し、彼らをずっと雇用し続けていく終身雇用。経済成長が続いている間は、これでもどうにか就職先は確保されていました。

ところが経済の停滞によって、その確保も難しくなってしまったのではと思います。「自分の腕一本で生きてやる」、とか、「起業しよう」、とか志を持ち意図的に通常ルートをはずれる若者たちはまだいいのです。しかし、本来、そんな野望もなく、普通に行けばちゃんと就職して定年まで勤めあげるであろう「標準サラリーマン要員」の多くが、正社員の道を閉ざされ、派遣社員やニートになってしまう現状が深刻なのかもしれません。

かりに終身雇用の正社員に収まっても、将来の確約はされません。デフレの環境下、給料も上がらず、昇進ポストもつまっていて、将来の展望なんてなかなか見いだせない。ガッチリ固まった組織の中で埋もれてしまうのかもしれないと思う人が多くなるかもしれません。

先ほどインドネシアやフィリピンの成長性をお伝えしましたが、東南アジアの方が、ずっと若者たちは幸せそうでした。

私と出会った人たちは、貪欲に希望を抱き、のし上がっていこうとする逞しさや、生き生きとした姿がありました。貧しいのは貧しくても、人がどんどん増えて、急速なスピードで発展している分、それだけのし上がるチャンスがある。優秀な若者はそれなりのキャリア形成手段があり、どんどん知識吸収を図っています。学歴がない若者であっても、貪欲にビジネスチャンスをものにしようと意気込んでいる人が多い。まだまだ大家族も多いし、日本的な「ひきこもり」という概念が生まれる環境ではないのです。

活力といえば、やはりそれを担うべきは若い人です。

本来若い人がいるはずのコンビニやファーストフード店にも高齢者や外国人店員の姿が非常に目に付きます。

国内全体に人手不足です。外食産業、コンビニ業界、流通業界、運送業界、土木・建築業界、各種製造業、その他サービス産業、等々、何処も彼処も人手不足です。

また、地方の中小企業の製造業に至っては人材不足が危機的な状況、例えば北関東の製造業などは人材不足どころか人がいない、日本人が採用できないためそれを外国人が補完しています。製造ラインの半数以上が外国人に頼っている会社、いくらでもあります。

「若い人は、いったいどこにいるんだろう?」と、首をひねってしまうくらい。

コテコテのＩＴ企業などは別ですが、中小企業や数十年の歴史をもったような会社の多くは平均年齢が上がっているような気がします。

企業が、若い人を採用できない事も考えられます。

また、ゼロから教え込むのではなく、すでにノウハウを習得している即戦力、「営業のプロ」「技術研究のプロ」を獲ろうしたら、自然に年齢層は上がってしまいます。

年齢を経ても働けるのは素晴らしい。否定はしません。むしろ高齢化社会では、高齢者の雇用も積極的に推進するべきです。とはいえ、就労構造まで逆ピラミッドになってしまったら、いったいどうしたらいいのでしょうか？

その解決策として、1つには女性の社会進出が鍵ではないかと思います。

現状、女性が学卒で入った職場を結婚・出産等で一旦離れてしまうと、再就職や再雇用、職場復帰に苦労しています。これはやはり長年の終身雇用制度と、社会保障制度などが原因である考えられます。

戦後、重厚長大産業の育成のため男性雇用制度の充実と、専業主婦の社会保障の充実などの優遇策が図られました。専業主婦が家庭に入っていても年金をもらえるような仕組みが一例です。

日本の総人口約1億2600万人のうち、就業者数（除く学生）は6100万人ですが、なんと専業主婦は540万人もいらっしゃるのです。この方々の職場復帰を勧めていけば、人材不足の緩和には十分可能だと思います。

また、技術や経験を持った女性が、一時的に職場を離れても職場復帰や再就職できることが容易ならばより職場も活気が出てくるのです。

なかでも働きたいと思っている女性はたくさんおります。その方々の力を引き出せれば日本の総合力は増すのではないかと思います。

女性の社会進出が、日本の活力にはどうしても必要です。

次のイノベーション

これからの時代、成長産業と言ったらＩＴをベースにしたものになるのは目に見えています。しかも、もはやパソコンよりもスマホの時代。となると、先程の若者たちが溢れるほどいるアジアの時代です。

それに、２０００年前半からＰＣでのＥＸＣＥＬ表計算が可能になり、今後はＡＩでそのような仕事は自動化で処理してくれる。

いろんなものがＩＴ、ＡＩと絡んでいって、一方では人間の仕事（作業）は次々と奪われて行く。車も自動運転に向かう研究開発が進んでいるくらいで。ＩＴ化の波は、各方面で思いの外進んでしまっています。

思い起こせば１９９０年後半から２０００年くらいに起きたＩＴバブルの時代、まだアジアで日本が主導権を握っていました。

それまで鉄鋼などをはじめとした重厚長大産業から自動車産業へ、銀行・証券・保険業界も護送船団方式で各企業が守られていた日本的システムの構造が、この頃からガラッと変わってしまった。

金融業界では金融（Finance）と技術（Technology）が組み合わされたFinTech（フィンテック）です。

金融とＩＴ技術が融合して生まれる新しいサービス。今でさえスマホを操作すれば、わざわざ銀行に行かなくても振込みも残高確認もみんなできる。フィンテックの技術を使うことにより、海外送金など早くて安全かつ格安で行えたりします。それ以上に様々な情報（ビッグデータ）を活用することにより、ネットショップの取引動向で与信判断し、即運転資金の借り入れが可能になったり、様々な取引に金融機関が関与・活用されることなど、新しい金融サービスが登場する可能性があります。
このため銀行は、支店がある必要もなくなるし、行員もいらなくなる可能性がありま す。おかげで日本でもメガバンク化が進み、地方銀行は冬の時代に入りました。

技術発展のため、様々な業種で業務の高度化が求められるようになりました。作業はソフトウェアシステムが行うため、人間はもっと「考える」「高度な判断する」ことが要求されます。製造業は主要な部門は残し、その他は海外へ移転。そんな日本になってしまいます。

このような産業構造を主導してきたのは日本だったのです。人件費や資材が安いからといって、海外に工場を作り、世界を相手に売っていたのも主に日本でした。

しかしやがて、下請けとして製品作りの現場にいた中国や東南アジアの人たちがそのノウハウを習得し、日本にとって代わる時代がやってきました。実際には台湾の鴻海(ホンハイ)精密工業グループがシャープを買収し、ソニー・東芝・日立製作所の中小型液晶ディスプレイ事業を統合したジャパンディスプレイ(ＪＤＩ)は中国・台湾の企業連合とのＭ&Ａ交渉が進んでいます。

それが今です。

このままでは、残念ながら今の日本に明るい兆しはあまりありません。明るさを求めていくためには、今までにないイノベーションを作り出すしかないし、そのためには規制のハードルも下げていかなくてはならない。

しかし、既得権と野放図さを回避するための「規制」、前出のＡＳＥＡＮ諸国とは同じように行かないのが日本です。

では、どこかが現状打破の突破口なのでしょうか？

一つの方法としては、今の日本人の若者が、もっと海外に出ていくことでないでしょうか。

グローバル化といわれ、日本人と外国人との交流が盛んになっているとされる現代ですが、若者たちはなぜか「内向き」になっているように思えます。

ずっと豊かさを享受してきた若者たちは、会社で飛ばされたりしない限り、わざわざ外国に出て何かやってみよう、と考えもしないのかもしれません。

また、若者は都市に集まります。首都圏・近畿圏の大都市ならずとも地方の中核都市への一極集中です。家の半径10キロ以内に、勤め先もあれば、ロードサイドの外食レストランもある、商業施設には様々なアパレルブランド・雑貨ショップ・レストランがあり、コンビニは歩いていけるところにあります。その半径10キロ圏内の経済圏で暮らしていけば十分なのでしょう。

野心を持って世界中どこにでも飛ぶだけのエネルギーを持つ、多くの中国やASEAN諸国の若者とはそのあたりが違います。

今ではLCCの発達により、上海、マニラ、その他アジア諸国へ片道数千円でいける時代です。しかし、むしろ交通が不自由だった一世代前のほうが意欲満々だったではないでしょうか。今は60代くらいになった世代の人たちの中には、沢木耕太郎さんの『深夜特急』に象徴されるように、バックパッカーとして世界中を放浪した人たちもたくさんいたし、海外青年協力隊として貧しい地域で働いた人たちの姿も目立ちました。

いや、もっと前、明治や大正の若者たちも、夢をもって、積極的に海外に出ていました。貧しさゆえの移住もありました。ビジネスの成功を夢みて、実現させた人たちもいる。私の生まれ故郷の群馬県桐生市・伊勢崎市地域は、ずっと生糸生産で有名な地域でした。この地域さえ当時は現在よりずっとグローバルで、地元の青年たちは世界中を飛び回り、外国人も滞在するような地方都市でした。

多くの若者は一度や二度は海外旅行をするけれど、海外に移住してまでチャレンジしようとは思わない、日本にいるだけで十分だという「ひきこもり」に入ってしまっている。「移住者を受け入れて、人口の増加を狙うべき」との議論は最近とみに盛んにおこなわれています。もちろん労働者不足解消のためにも、なるべく早く取り入れるべき、と私も思います。異文化との衝突や治安の悪化を不安視する声は根強くありますが、日本経済の収縮を防ぎ、豊かさを維持していくためには、重要な手段と思います。

と同時に、なるべく日本の若者が現状のカラを破って海外に出ていく、そのシステムを国家が積極的に構築していかなくてはいけないのではと思います。

留学生だけでなく、海外起業の支援もあるかもしれません。よく言われますが、私も高校生まで学習した英語教育はほとんど通用しませんでした。

日本酒の輸出先であったオランダの商社に訪問したときに、お会いしたオランダ人の英語の流暢なことにたいへん驚かされました。聞くと、ある程度のオランダ人は母国語の他、英語ともう1カ国語ができるそうです。日本はなぜできないのでしょうか。

頻繁に東南アジアに行っていましたが、その時思ったのは、上海市内に日本の我が家から5時間でたどり着きます。例えば広島市内までなら6時間近くかかります。新発田市に通っていたときには4時間かかりました。

週末は日本の我が家で過ごし、
日曜日の午後か月曜日の朝に上海に向かい、
金曜日の夕方日本に帰る。

こんな生活スタイルがあるのではないですか。活力のある社会にするためには、日本だけにとらわれず、せめてアジア圏で物事を捉え、自由に出入りができるようにすべきでないでしょうか。

たまたま住まいは日本でありますが、働くところは海外、などということは当たり前の時代になるような気がします。

あとがき

1988年、私は栃木県に本店がある、いわゆる地方銀行の足利銀行に就職し、実家のある群馬県伊勢崎市の支店に配属になりました。

北関東の典型的な製造業と流通業の大変盛んな地域です。明治大正時代には絹織物の一大産地として栄え、その後は製造業が発達しました。また、北関東交通の要所として流通業も活発でした。

そのような地域での支店で、地元の中小企業向け融資を推進する法人取引業務に従事しておりました。大手製造業の協力会社が主たる担当でした。

一定地域の担当先を持たされ、積極的に融資を売り込む営業を行いました。家族経営の会社から従業員数1000名超の自動車部品メーカーまで、様々な中小企業を担当させてもらいました。

1992年、小さな転機が訪れました。

金融自由化の流れ　住友信託銀行（現三井住友信託銀行）・第百生命（現マニュライフ生命）・トレーニー

当時、銀行業界は金融自由化の流れが始まり、銀行業務以外の他金融業務を行う準備を始めておりました。私は信託業務を勉強してくるようにということで、銀行から住友信託銀行（現・三井住友信託銀行）に「トレーニー」（研修生）として、派遣されました。

その信託業務のなかでも、年金信託業務を勉強することが私の使命でした。

私立大学法学部出身の私にとって、想像できない「数学」で仕事を行う部署です。その部署は年金や保険商品を作る、保険数理計算を行う専門職のアクチュアリー資格をもった人たちが担当しているところでした。有名大学の数学科などを卒業した秀才ばかりです。

そんな私の場違いさを理解していただき、当時の年金信託部制度設計室の方々には大変気を使っていいただきました。部内の食事会やスポーツイベント等にも同行の行員の方々と一緒に参加させていただきました。

おかげさまで、彼らより得意なことといえば、コミュニケーション能力。教えていただく人たちと率先して遊びに行っていました。

ちなみに、1991年当時まだWindowsパソコンが出始めた頃でしたが、彼らはMS－DOSの表計算ソフト（当時はLotus 1-2-3）を使い企業年金の制度設計を行っていました。

ある時、パソコンに向かい、並んで業務を教えてもらっているときに、ふと「これって、銀行業務に使えるのでは？」と、ひらめきました。翌日、銀行支店で使っていた投資用アパートの収支計算表を持ってきて、「この表できる？」と差し出したら、「こんなの簡単ですよ」と、5分程度で作ってしまいました。

「ここに金利、ここに借入期間を入力してください」と言われ、そのとおり私が入力すると、なんと20年の期間にわたる投資用アパートの収支計算表ができてしまいました。

なんとも面倒くさがり屋の私にとって、「これだ！」という驚きとワクワク感で最高潮でした。

早速その日に家電ショップに行き、ＩＢＭが初めて発売したノートパソコンを60万円で割賦購入しました。

ＰＣが、その後の私の「再建ドクター」としての活動、Ｍ＆Ａや企業再生に役に立ったきっかけです。

それからというものの、私は表計算以外にＷＥＢサイトの構築などまで独学で行うようになりました。所謂パソコンオタクでした。

週末金曜日の夜から翌々日、日曜日の日中まで、一睡もせずパソコンをいじっていました。このことが以後、旅館再生でも大いに生きましたし、ベンチャー・キャピタリストへとつながっていくきっかけになろうとは夢にも思いませんでした。

翌１９９２年には、今度は個人保険も勉強してくるようにと、第百生命（現・マニュライフ生命）にも出向しました。

その頃には、不思議なことに数学が理解できるようになっており、アクチュアリー受験用の参考書も読めるようになりました。

保険料・保険金の計算も参考書の計算式をパソコンの表計算に入力すると、なんと保険料が算出できるではありませんか！

余談ですが、保険商品はこれほど保険会社の経費が保険料の中に入っているとは思いませんでしたが。

地方銀行で提案型営業　パソコン活用

その翌年1993年4月、銀行の本店営業部に戻ってからも、パソコンを使って稟議書作成はもちろん財務分析も行っていました。トレーニーのときに購入したラップトップPCを取引先にも持ち込んで、財務諸表を入力し、「現在このような財務体質になっていますから、御社はこのような財務戦略をとった方がいい」、「今月はこれくらい増加運転資金が必要ですから、ぜひ当行で2千万円ご用意します」などなどです。そのままお客様のオフィスで稟議資料を作成し、銀行に戻りプリントアウトして即申請します。

また個人のお客様には金利の高いローンを安い金利で借り換えてもらう住宅ローンの肩代わりが大好評でした。

パソコンに当時金利の高かった住宅金融公庫のローン返済を載せて、その対比として銀行ローンの返済シュミレーションを載せ、お客様に画面を見せながら説明すれば、ほとんどすべてのお客様が借り換えてくれました。簡単に住宅ローン融資を獲得することができるのです。

今では全て当たり前の営業手法ですが、こんな「提案型コンサルティング営業」も当時おこなっておりました。

このとき初めて不思議な感覚を覚えました。このことが後の企業再建の場面で生かされることになります。

それまでは、

「お金を借りてください」

「預金してください」など、
私が頭を下げて営業することが営業でした。

ところが、この住宅ローンの肩代りはお客様が、「感謝」してくれるのです。

私は「頭を下げる」のではなく、ただ単にノートパソコンの画面をお見せするだけ、後はお客様が、「ありがとう」と「感謝」していただけるのです。

私、何もしていないのに（ただ画面をお見せしただけなのに）、これほどやりがいのあることを銀行で経験したのは初めてでした。


今ならコンプライアンス・個人情報保護の問題もあって、資料を勝手に持ち出すことなどできないでしょうが、当時はまあまあ気にされていなかったということでしょうか。それも足利銀行の行風が、私のやり方を許容していただいたのかもしれません。今では当時異端児の私を応援していただいた、足利銀行の役職員の方々には大変感謝しております。

今で言えば「働き方改革」を地で行っていたようでした。銀行では、アイツは何をやっているんだと、不思議・やっかみに思う人もいれば、素晴らしいと褒めていただく人もいて、いわば私は「パソコンオタク」として行内でも注目される存在になってしまいました。

鬼怒川温泉あさやホテルへの出向

大きな転機が訪れたのが1999年でした。

鬼怒川温泉あさやホテルへの出向です。

当時は350室・収容人員2000名、東日本最大規模の温泉旅館でした。80年代後半のバブル景気時代、企業や各種団体旅行を飲み込むため、大きな温泉地はどこでも旅館・ホテルが巨大化していました。当然、団体客が来てくれることを前提にした設備投資真っ盛りでした。鬼怒川温泉もしかり、温泉街にお客様を出すことなく館内だけで引き留めようと、各温泉旅館が館内の施設も充実させる巨大な箱を競争して作ってしまいました。そのため、昔からの「温泉街」としての情緒もなくしてしまいました。

結局、バブル時代の設備投資を含め旅館単体での借入金は160億円です。山間部の温泉旅館では、とても返済できる規模ではなくなっていました。

まさに不良債権で、元金はもちろん利息も入ってこない状態でした。

また、当時は不良債権処理でどこも大混乱で、長期信用銀行、日本債券信用銀行、北海道拓殖銀行などが破綻し、足利銀行も取り付け騒ぎが起きる大変な時期でした。

当時不良債権の処理としては、破綻してはいないが、元利金の回収ができていない、再建可能性を期待する多額の融資先をなんとかしなくてはならない、そんな先の再建が必要に迫られておりました。

その大口融資先の一つがこの「あさやホテル」でした。

ところが、銀行では、企業再生のノウハウは全くありませんでした。

「なんとかしてこい」と、派遣されたのは支店長クラスの方と私2名です。支店長クラスの方は、以前私が所属していた本店営業部の直接の上司でした。つまりパソコンができるからと、その上司に指名されたようです。ここでの企業再生実務のチャンスを頂いたその上司には大変感謝しております。

ホテルには送り込まれたものの、行ってみればホテルの中は「敵」ばかり。それはそうでしょう。どうせコストカットやリストラのために銀行から送り込まれたのだろう、と従業員や創業家の誰しもが思っていたのかもしれません。

よそよそしさはホテル館内の空気で感じました。

企業再生のきっかけを発見

私も、5月GW明けに赴任しましたが、どうしたらいいかわかりませんでした。

前にもお話しいたしましたが、本来、フロントなどに出る義務はなかったのですが、どうせ暇だからと、手伝うつもりでフロント前に立ってお客様をご案内し、お客様のお車を駐車場に移動させるなどしました。

でも、それを続けていくうちに、ここでも不思議なことが起こります。

老若男女様々な生き様を持ち寄った山間部の温泉旅館です。いろんな方がいらっしゃいました。そのような方々と一緒になって、同じ目線で現場の仕事を行ったこと、これがホテル再建の「Secret」（秘訣）だったのです。

やるべきことが明確化

そこから次第に、目に見えて成果が上がるようになっていきました。

パソコンのシステム化も進みました。温泉旅館に珍しい社内ネットワークの構築、予約システムの構築、予約・フロント・接客・会計に渡る情報共有。

旅館ＩＴ化の走りです。予約受付サイトを自作し、従来のエージェント（旅行会社）を通さない直接予約をお受けする仕組み、これにより送客手数料の削減、自社企画の充実が達成されました。

それまで当たり前のようにやっていた、到着したお客様の客室に入っての「お茶入れ」。

それが果たして意味があるのかを従業員一同と話し合って、試しに一度やめてみたり、などもしました。

「大切なひと手間」なのか、「無駄な動き」なのか、一度やってみてだめならすぐに戻せばいいと、改めて皆さんに考え直してもらおうと考えたのです。

「あんたが言うのだから、やってみよう」と。ところが、なくしてみてもお客様のクレームは一切ありません。すると、皆さんからは「次は何するの?」と、いった具合です。

中国雑技団の招聘

収容2000人の大きなコンベンションホールもありました。

全く稼働していないので、なにか活かすことはできないか、つまりはこの空間をお金に変えられないかとのことです。

そこで考えたのが、中国雑技団の招聘です。

このとき、私が直接中国に行き、直接現地の雑技団と契約を行い、日本に招聘するのです。10日間の中国出張で各地の雑技団を視察してくるのです。

面白いこともありました。一回目の帰国後、銀行人事部から「中国に行ったと聞いたのですが、なんで中国に行くのですか？　銀行に許可をとってから行ってください」と、お叱りの連絡がありました。

「だったら出向なんてさせなければいいのにね」と、思いました。

この雑技団企画、大成功でした。大勢のお客様がショーを観に宿泊してくれるようになりました。そのため2回目の中国出張、当然人事部を無視して行ってきましたが、もう何も言われませんでした。

また食事をバイキング中心にしたプランに変更することで、販売管理費の「重箱の隅を突っつく」ようなことをしなくても、抜本的なコストカットを実現していきました。ちなみにバイキング方式にすると、用意する食材はお膳料理の80％程度で済むのです。もちろん人件費も激減です。

このような大胆な手法を活用することにより、結果的に一年でキャッシュフローの黒字化が達成できたのです。

中国地方都市の雑技団練習風景

料理提供をバイキング方式に変更

ソフトバンク・インベストメント（現SBIホールディングス）という会社

すると、次の転機です。

2001年5月、銀行を退職し、入ったのが、ソフトバンク・インベストメント（現・SBIホールディングス）です。これも以前からの経験が、ソフトバンクの縁につながっていきます。

当時からソフトバンクはヤフーJAPAN立ち上げから、日本のITバブルの急先鋒で、いろんなIT関連会社への出資を行っていました。

私はパソコンオタクが嵩じてホテルの予約受付サイトを自作しており、また中国雑技団招聘の手続きに、当時は大手町にあった東京入国管理局に通っていました。

ついでと言ってはなんですが、ソフトバンク・インベストメントも神田錦町にあったため、IT関係の業務でなにかヒントがないかと思い、同社に訪問する機会を持ちました。

話をお聞きしてみると、ベンチャー企業に投資したあと、その会社の中に入り込んで事業をサポート、推進する仕事だとのことでした。ホテル再建で私が行っていることそのものでした。

ベンチャー・キャピタリスト　SBIインベストメント

このソフトバンク・インベストメント（その後ベンチャー投資事業は、ＳＢＩインベストメントとして子会社化）はベンチャー企業に投資してＩＰＯ（新規上場）で資金を回収する、いわゆる「ベンチャー・キャピタル」でした。銀行が企業に融資という形で間接的に関わるのに対して、こちらはいわば直接投資。

投資家として会社の経営に参加するものです。

ところが、２００１年に入社したときにはすでに日本のＩＴバブルが終焉を迎えつつあるところでした。

数億円投資した会社でも事業が立ち上がらず実体がなくなってしまったり、経営者が当初計画に反し資金流用したり、はたまた数千万円の投資した会社にそもそも経営実態がなかったり、等々、私の業務はその投資したＩＴ関連企業の後始末でした。

２００４年から次第に新興マーケットが良くなり、私の投資先・担当先、ＩＴ関連企業が上場するようになりましたが、それまでの間は、まさに投資した会社の処理に忙殺され、トラブルも多発しました。

30億円投資していた私の担当先で、他の株主間同士の諍いが起き、大株主がＳＢＩのファンドだからということで、取締役であった私自身が東京地検から参考人として呼び出されたこともありました。まさにテレビドラマで見たような光景を体験しました。

とにかく身勝手な社長には退任していただいたり、事業を早期に円滑にするため１００％株を買い集めたり、様々な、多少強引とも思われる資本政策手法を使い、企業の健全化を推進していきました。

結果的に私の担当でＩＰＯできた会社は数社ありましたが、その他ほとんどの会社はＭ＆Ａで売却し、ファンドの資金回収を行いました。

ベンチャーファンドからバイアウト・ファンドへ　SBIキャピタル

その後、2008年から3年間、今度はプライベート・エクイティ・ファンド、いわゆるベンチャー企業以外のより大きな会社に投資する、または再生ファンドとも呼ばれるバイアウト・ファンドの投資・運用会社に移りました。上場企業を含め、地方の優良企業、多種多様な会社を譲り受け、体力の強化をはかったり、事業承継を行ったり、じっくりと経営者に向き合う投資を行うファンドです。

この頃にリーマン・ショックがありました。じっくり考えればなんとか解決策はあるものです。証券化などを通じて、綱渡りの資金繰りを正常化させてきました。

このように、合わせて約20年間、銀行やベンチャー・キャピタル、またバイアウト・ファンドを経験し、短い時間で会社の体質を見極めたり、どこに問題点を抱えているかを「診察」し、どんな手を打てば投資先の価値がアップするかを常に模索し続けてきたのです。ファイナンスサイドの経験でいえば、間接金融と直接金融を経験し、かつ投融資先へのハンズオン経営に参加するなどの経験を十二分に積んでまいりました。

ファイナンスから、より実業へ

２０１２年は、またホテルの再建事業に戻りました。今ほどインバウンドがないときでしたが、群馬、長野、静岡、沖縄にある、７つのホテルや旅館の再建に動き回り、各ホテルの再建計画の策定、サービス提供の再構築を行い黒字化を達成しました。ホテルや旅館のような、「箱物」と言われる事業は、いかにしてお客様に来ていただくか、画一的でないそれぞれのホテルに合わせた売上戦略を建てることが重要でした。

その後、ジャスダック上場のグルメ回転寿司の株式会社銚子丸で管理部長として、財務経理、ＩＲ、経営企画を管掌し成長戦略に参画しました。２０１５年からは、ＣＶＣ（コーポレート・ベンチャーキャピタル）の立ち上げと運営の責任者として地方の中小企業に赴任しました。

地方の業績の堅調な中小企業で、事業多角化の一環として、自己資金でCVC（コーポレート・ベンチャーキャピタル）を立ち上げるとのことでした。

いわゆるベンチャー・キャピタルが、銀行、投資家などから幅広く資金を集めてベンチャー投資をするのに対して、CVCは、一つの会社が主に自社資金で投資を行うのが特徴です。

既存事業の先行きも不安感が出てきている昨今、次の成長の糧を作っておこうとの思惑で、魅力的な事業への投資を行うことが目的でした。

また、このグループ会社は、中国や東南アジアでの事業へも手を広げておりましたが、戦略と検討の不十分さからテコ入れが必要な状況でした。そのため、これらの海外現地法人等の整理や支援も手掛けています。

そして2018年には、新潟にある創業230年の酒造会社「市島酒造」に代表取締役社長として招かれ、まさに地方の老舗企業の置かれた環境、典型的な日本の中小企業での「再建ドクター」を実践し、早期再生を完了いたしました。

このように、間接金融、直接金融の側面から企業経営全体に関わり、各種企業再生事業をはじめとする、各種投資先のターンアラウンド（経営改革・企業再生）、企業価値向上を図ってきました。

しかも、自らが経営に参画するハンズオン経営として、実際に会社の内部に踏み込んだ支援を長く手掛けておりました。また、その再生やバリューアップを図るための手法として、M&Aという技術を用いながら、より成長ないしは安定化を図っていくことを主眼に活動してまいりました。

いわば「外科」と「内科」の経験を両方、たっぷりと積んだ「ドクター」だと自負しています。

最後に

以前、バイアウト・ファンドに在籍したとき、こんなことがありました。

九州で建設業を経営なされていた経営者の方から、ファンドあてに連絡をいただきました。その方が東京にお越しになるので、当社に寄りたいとのことでした。六本木一丁目のオフィスにお越しいただき、お会いしてみると、年齢が50代前半くらいに見受けられました。

どこの県であったのか思い出せませんが、何代か続く、地域では大きな建設会社を経営されていたとのことです。しかし、公共事業頼みの経営であったため、受注の減少に伴い業績悪化、そのため民事再生法を申請、事業は新会社に引き継ぎ、そして社長自身は退任したとのことです。

今は、引き継ぎ会社のサポートをしながら、社長自身は別の事業を始めたとのことでした。

その社長曰く、「もしもっとうまくやれば、自分にはそれなりの金が残った。しかし、従業員や取引先のことを考えると逃げることはできなかった」とのことです。

確かに、自分のことだけしか考えなければ、業績が悪化していても、いくらでも「お金」を残すことは可能かもしれません。

私の知るひどいケースでは、投資していただいた資金を、計画的に海外に逃避させていた人もいたくらいです。

しかし、この社長は、保身に走らず、債務を整理、事業は新会社へ引き継いだのです。金融機関からの借入金があったでしょうから、自身の財産も拠出して債務の弁済に充てたことでしょう。

社長のご家族もいらしたでしょう、大変な思いをして事業を整理したことと想像しました。

でも、私は、お話をお聞きしているときに、「なぜ私のところに来たのだろう」と思わざるを得ませんでした。

もう債務整理を行い、事業は新会社で継続しているし、その事業にはこの方は関わっていない。私達のファンドでお手伝いできることもないのです。

1時間以上話をしていたかと思いますが、話の終わり際に、「話を聞いていただいて、ありがとう」と、言われました。そうです。この社長、話を聞いてほしくて、わざわざ六本木一丁目の18階までお越しになったのです。

その時の、その社長の晴れやかな顔、今でも覚えています。

お別れ際に、「社長、またいつでもお越しください」と申し上げましたら、「また来るよ」とのことでした。

とてもすがすがしい社長でした。

その後、どうしているのか、ぜひもう一度お会いしたいと思っておりました。

以来約10年、このような社長には、なかなかお会いできません。

企業再生実務をしていると、実にどろどろした人間関係のシガラミを抱えた人たちとの出会いが多いです。

あんなにいい人だと思っていた人が、欲望と本能で対峙してくる、そんな局面がしばしばあります。

しかし、企業が再生していく過程で、関係者の皆さんの顔が実に生き生きと変わってくる、そんなときこそやりがいを感じるときなのです。そのような人たちとの出会いが、私を育ててくれているのかもしれません。

またこのような社長さんや、そこに働く生き生きとした従業員の皆さんとお会いできることを楽しみにして、仕事をしていきたいと思っています。

中小企業再建ドクター

2020年3月10日　初版発行

著　者◆大和竜一

発　行◆(株) 山中企画
〒114-0024 東京都北区西ヶ原3-41-11
TEL03-6903-6381　FAX03-6903-6382
発売元◆(株) 星雲社 (共同出版社・流通責任出版社)
〒112-0005　東京都文京区水道1-3-30
TEL03-3868-3275　FAX03-3868-6588

印刷所◆モリモト印刷
※定価はカバーに表示してあります。

ISBN978-4-434-27252-3 C0034